Diabetes

Prof. Dr. med. K. Dietrich Hepp

Diabetes

Richtige Behandlung – gesunde Lebensführung bei Diabetes Typ I und II

INHALT

VORWORT

Auf kaum einem Gebiet der Inneren Medizin besteht eine so enge Verknüpfung zwischen biochemischer Forschung und klinischer Anwendung wie beim Diabetes. Stoffwechsel, die biochemische Umwandlung von aufgenommenen Nährstoffen zur Energiegewinnung und zum Aufbau von zelleigenen Substanzen, ist die Grundlage der Existenz aller Zellen und aller vielzelligen Lebewesen. **Stoffwechsel ist also der kontrollierte Ablauf chemischer Prozesse in der Zelle, zwischen den Organen des Körpers und zwischen dem Organismus und seiner Umwelt.**

Alle heutigen Erkenntnisse über die Biochemie des Körpers sind die Ergebnisse jahrzehntelanger mühsamer Forschung. Stoffwechselstörungen wie die Zuckerkrankheit haben die Wissenschaftler dabei immer wieder von neuem für ihre Arbeit motiviert. Echte Durchbrüche, also Erkenntnisse von großer Tragweite, die unmittelbar zum Nutzen des Menschen angewendet werden können, sind selten. Hinter jeder wichtigen Beobachtung stehen viele Fehlschläge, und oft war es der Zufall, der den Weg zur entscheidenden Lösung eines Problems gewiesen hat.

Ein großer Teil der beim Diabetes fehlgesteuerten Stoffwechselprozesse ist heute bekannt. Alle Maßnahmen zur Behandlung und Lebensführung richten sich nach diesen Erkenntnissen, und es ist deshalb wichtig, daß sich der Patient auch mit den Grundlagen seiner Erkrankung auseinandersetzt.

Ich habe vielfach erlebt, daß Diabetespatienten, die eine besonders schwere Form der Erkrankung hatten oder an schweren Spätkomplikationen litten, in resignierendem Ton vorbrachten, der ganze Aufwand der Forschung habe ja für sie doch nichts gebracht. Dies trifft sich mit der heute weitverbreiteten Abkehr von der Naturwissenschaft und mit der oft beobachteten Ablehnung der experimentellen Medizin. Aber gerade ein diabetischer Patient darf nicht vergessen, daß noch zu Anfang dieses Jahrhunderts Menschen mit Diabetes unweigerlich sterben mußten, und daß die Forschung seitdem tatsächlich erhebliche Fortschritte in der Erkennung und Behandlung dieser Krankheit gemacht hat. Die Entdeckung des Insulins und der oralen Antidiabetika sind hervorragende Beispiele für erfolgreiche Durchbrüche in der angewandten Forschung.

KOHLENHYDRAT-STOFFWECHSEL UND GLUKOSE

Die Zuckerausscheidung im Urin bei Diabetes mellitus war bereits seit Jahrhunderten bekannt, lange bevor sich die naturwissenschaftliche Medizin ein Bild über die Stoffwechselvorgänge im Körper machen konnte. Auch heute noch bildet der Nachweis einer erhöhten Ausscheidung von Glukose (= Traubenzucker) mit dem Urin oder einer erhöhten Glukosekonzentration im Blut die Grundlage der Diagnose.

Zum besseren Verständnis der Stoffwechselstörung muß man sich zunächst die Verhältnisse im gesunden Organismus vor Augen führen:

Glukose gehört zu den wichtigsten energieliefernden Brennstoffen des Organismus. Die Nervenzellen leben fast ausschließlich von Glukose, so daß ein Abfall der Blutkonzentration im Bereiche unter 50 Milligramm pro Zehn-

Menschen mit Diabetes sollten wissen, wie die aufgenommene Nahrung im Körper verarbeitet wird

telliter (mg/dl) zu einem Mangel an lebensnotwendiger Energie für Gehirn und Nerven führt. Die Folgen sind Störungen der Gehirnfunktion bis zur Bewußtlosigkeit, nach längerer Unterbrechung der Zuckerzufuhr sogar der Tod. Die Natur hat deshalb Mechanismen geschaffen, die den Blutzuckerspiegel über mehrere Wochen konstant halten, auch wenn durch die Nahrung keine Kohlenhydrate mehr zugeführt werden, die der Körper im Verdauungstrakt bis zur Glukose aufspaltet. Der Organismus kann aus seinen Kohlenhydratspeichern in Leber und Muskulatur selbst Glukose bereitstellen. Darüber hinaus ist die Leber in der Lage, aus kohlenstoffhaltigen Bruchstücken neue Glukose aufzubauen (= Glukoneogenese).

Mit dem Blutstrom wird die Glukose an die Organe herangeführt, die sie für ihren Stoffwechsel entnehmen. Die größten Verbraucher sind Gehirn, Muskulatur und Fettgewebe.

Bei ausreichender Kohlenhydratzufuhr und geringem körperlichen Verbrauch werden die Glukosespeicher also aufgefüllt, bei ungenügender Ernährung und/oder großem Verbrauch geleert und der Aufbau von Glukose aus anderen Molekülen in der Leber – in geringerem Maße auch in den Nieren – beschleunigt. Die entscheidende Größe ist dabei die Konzentration der Glukose im Blut, die immer bei 60–140 mg/dl liegen soll.

So ein kompliziertes System braucht natürlich Steuerungsmechanismen, die die Blutzuckerkonzentration ständig überwachen.

Stoffwechsel der Glukose im Körper

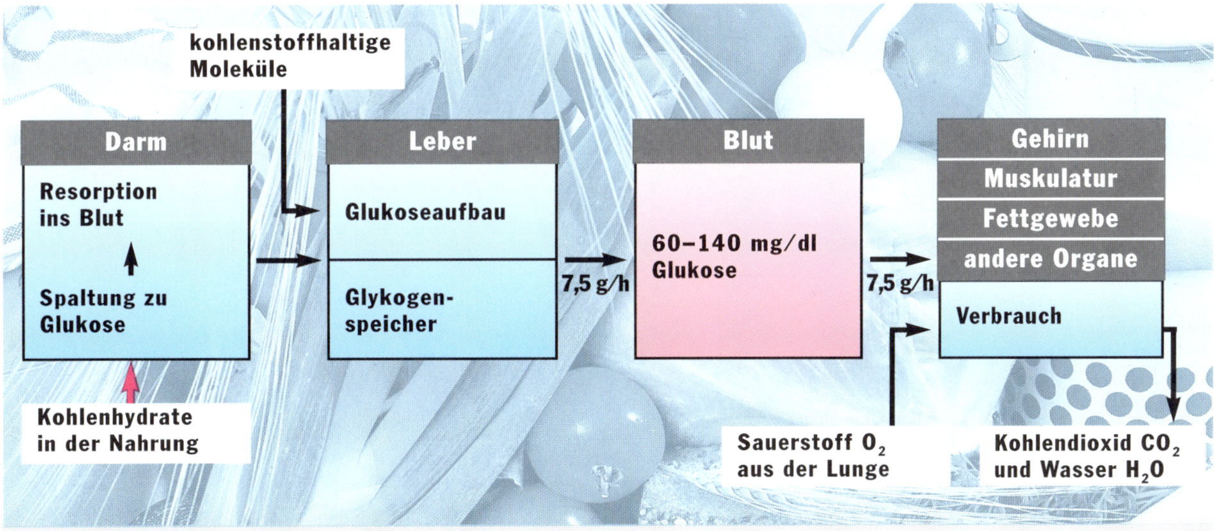

Kohlenhydrate werden im Verdauungstrakt bis zur Glukose gespalten und über den Blutkreislauf der Leber zugeführt. Dort wird ein Teil als Glykogen (Stärke) gespeichert, ein Teil direkt an das Blut abgegeben.
Aus dem Blut fließt gleichzeitig Zucker an die Organe ab. Der größte Verbraucher ist die Muskulatur.

Stoffwechsel der Glukose bei Hunger, Nahrungsaufnahme und Sport

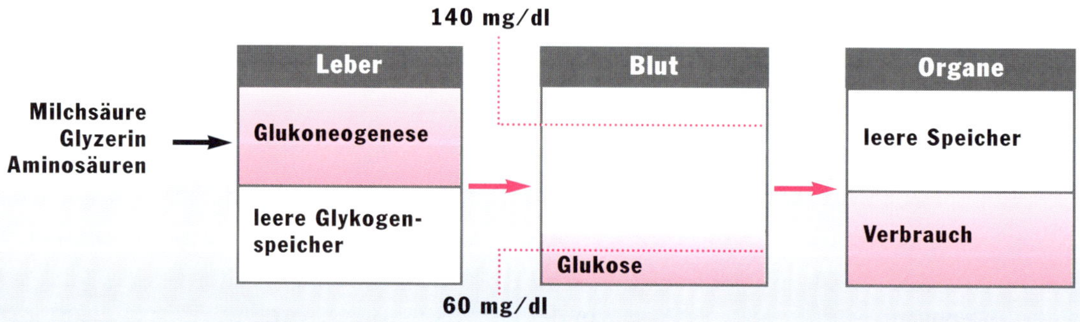

Hunger: Die Leber produziert nach dem Abbau der Glykogenspeicher die von den Organen benötigte Glukose selbst = Glukoneogenese. Als Baustoffe dienen Milchsäure, Glyzerin und Aminosäuren.

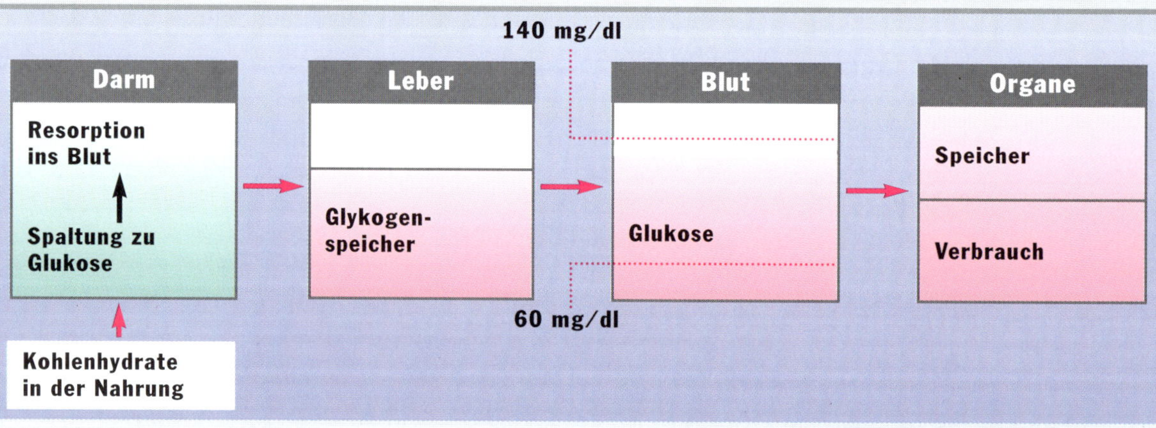

Nahrungsaufnahme: Kohlenhydrate aus der Nahrung werden im Darm gespalten, die Glukose ins Blut aufgenommen. Die Leber füllt ihre Glykogenspeicher und gibt Glukose ans Blut weiter. Die Organe nehmen unter Insulineinfluß Glukose auf.

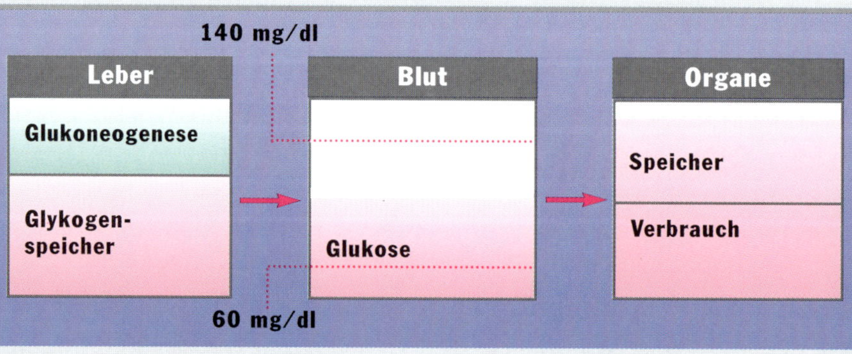

Sport: Die Leber spaltet Glykogen, um den vermehrten Glukosebedarf der Muskulatur zu decken. Die Glukosekonzentration im Blut sinkt vorübergehend ab.

Wie steuert der Organismus den Fluß der Glukose?

Für die Steuerung des Zuckerhaushalts sind Hormone, die Botenstoffe des Körpers, zuständig. Es handelt sich um ein fein abgestimmtes Wechselspiel zwischen Insulin und seinen hormonellen Gegenspielern, in erster Linie Glukagon und Adrenalin. Dabei fällt dem Insulin die Rolle des aufbauenden (= anabolen) Hormons, den Gegenspielern die abbauende (= katabole) Funktion zu.

Aufbauende (anabole) und abbauende (katabole) Hormone des Zuckerstoffwechsels
Die katabolen Hormone sind Gegenspieler des Insulins

Anabol	Katabol
Insulin	Glukagon
	Adrenalin
	Noradrenalin
	Kortison
	Wachstumshormon
	Schilddrüsenhormone

Wie wirkt Insulin?

Als das Insulin 1921 entdeckt wurde, hatte man nur eine sehr vage Vorstellung von seinem Wirkungsmechanismus. Seither ist die Entschlüsselung der einzelnen Reaktionsschritte zu einem der faszinierendsten Themen der Stoffwechselbiochemie und zu einer Aufgabe geworden, deren vollständige Lösung immer noch aussteht. Man kann heute aber schon ein recht genaues Bild von der Entstehung und den Wirkungen des Insulins zeichnen:

Inselartige Zellverbände aus A-, B- und D-Zellen, die Langerhansschen Inseln (endokriner Anteil), liegen eingebettet im drüsigen (exokrinen) Gewebe der Bauchspeicheldrüse (= Pankreas). Das Insulin wird von den spezialisierten B-Zellen hergestellt, gespeichert und bei Bedarf in das Blut abgegeben. Die Bauchspeicheldrüse produziert weiterhin in den A-Zellen Glukagon, einen wichtigen Gegenspieler des Insulins, und in Drüsenzellen eine Reihe von Verdauungssäften, die als Bauchspeichel in den Darm abgegeben werden.

Auf einen Anstieg der Blutglukosekonzentration reagiert das Pankreas mit der Ausschüttung von Insulin in die Blutbahn, wo es zu den Körperzellen transportiert wird, die auf das Hormon ansprechen. Vor allem Muskel-, Leber- und Fettzellen besitzen an ihren Oberflächen spezielle Bindungsstellen (= Rezeptoren), an die das Insulin ankoppeln kann. Das Hormon muß also nicht in die Zelle eindringen, es entfaltet seine Wirkung über chemische Signale, die in viele zelluläre Stoffwechselvorgänge eingreifen.

Die wichtigsten sind die Aktivierung des Glukosetransports in die Körperzellen und die Hemmung der Glukoseabgabe aus der Leber.

Von großer Bedeutung ist auch die Wirkung an den Fettzellen, wo Insulin den Abbau von Speicherfetten hemmt, und seine fördernde Wirkung auf die Eiweißsynthese in den verschiedensten Geweben. Insulin hemmt also den Abbau gespeicherter Brennstoffe im Körper (antikatabole Wirkung) und steigert den Aufbau von Speichern für Kohlenhydrate, Fett und Eiweiß in den Geweben (anabole Wir-

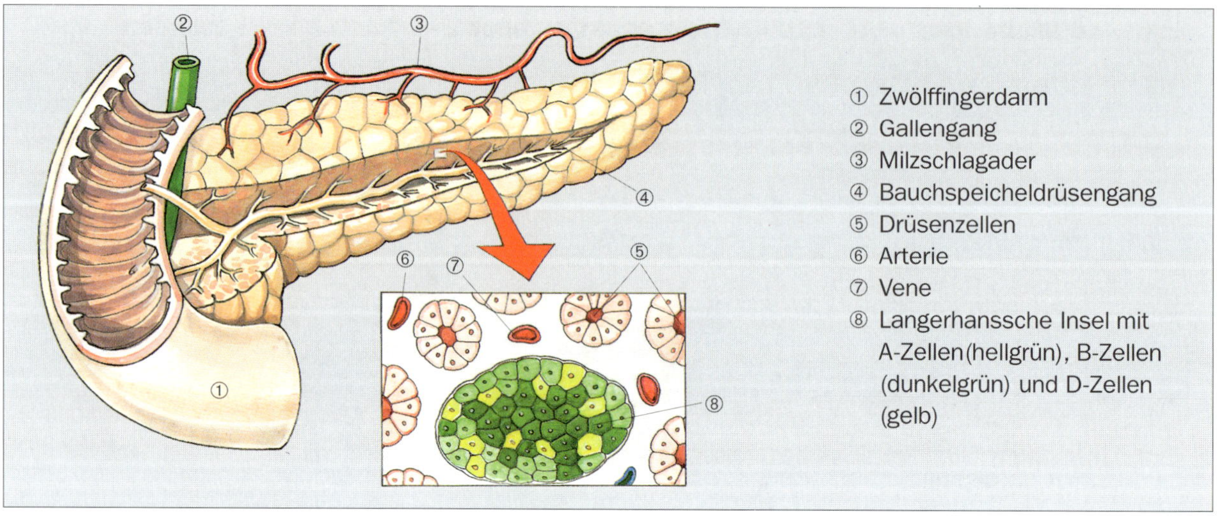

kung). Maßgebend ist dabei das feine Wechselspiel zwischen Insulin und seinen Gegenspielern an den verschiedenen Zellen. Je nach Überwiegen der einen oder anderen Gruppe kommt es insgesamt zu auf- oder abbauenden Stoffwechselreaktionen. Absoluter Insulinmangel führt zu einem totalen Abbau der Gewebespeicher bis zum Einschmelzen aller Fett- und Eiweißreserven und damit letztendlich zum Tode.

Insulinwirkung auf die Körperzellen

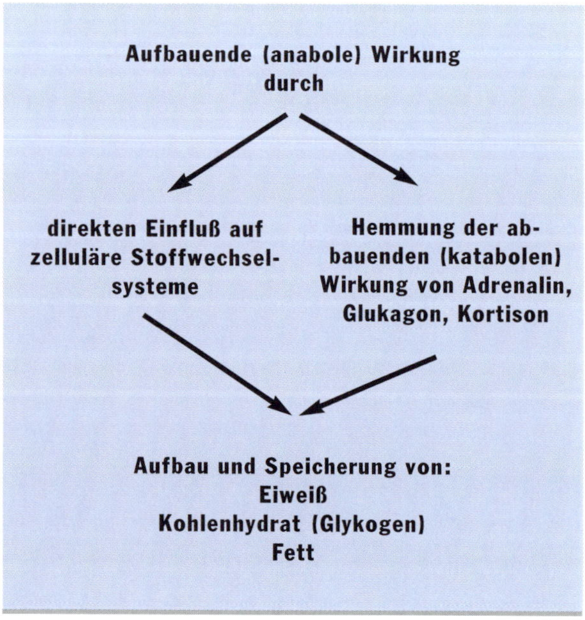

Besonders interessant ist hier das Konzept der Natur, Hormone in winzigen Mengen als hochwirksame Botenstoffe zu benutzen, die in den Hormondrüsen auf kleinstem Raum gebildet und gespeichert werden. An den Zellen wirken die passenden Rezeptoren als Verstärker des Signals, das dann in den Zellen eine große Anzahl von Reaktionen beeinflußt.

Insulinsekretion

Im Nüchternzustand muß stets ein geringer Insulinspiegel vorhanden sein, um das Gleichgewicht zwischen auf- und abbauenden Reaktionen möglichst konstant zu halten. Die gesunde Bauchspeicheldrüse produziert also durchgehend ungefähr eine Einheit Insulin pro Stunde, was als **Basalrate** bezeichnet wird. Kurz nach

Blutglukosespiegel und Insulinproduktion über 24 Stunden bei Gesunden

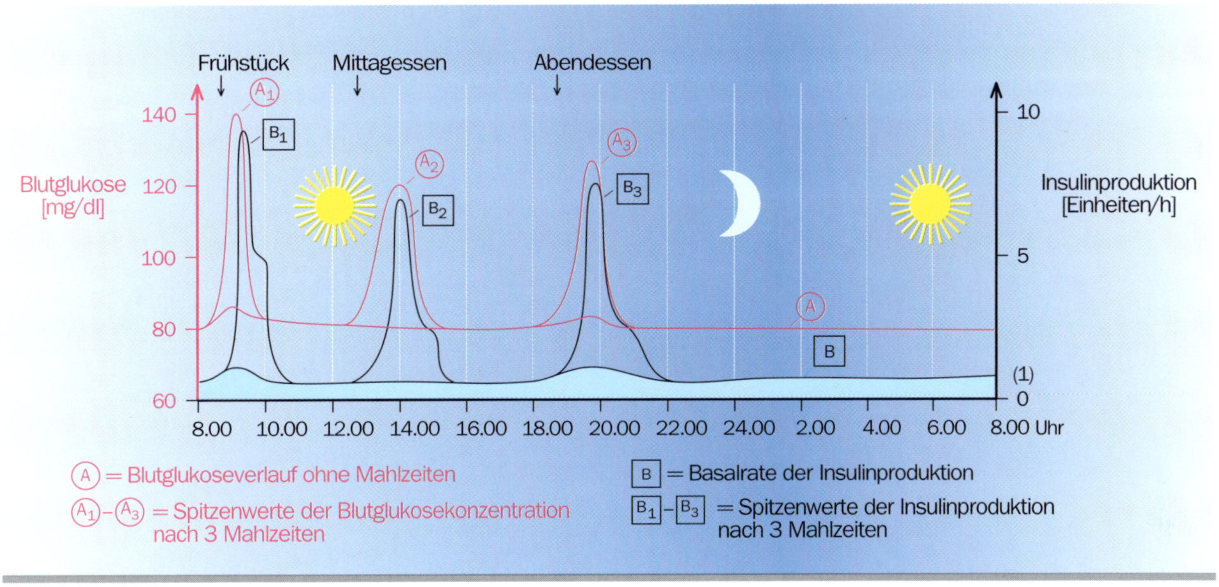

einer Mahlzeit wird eine Extramenge Insulin ausgeschüttet, um den angestiegenen Glukosespiegel wieder zu senken. Ein gesundes Pankreas produziert so insgesamt etwa 40 Einheiten Insulin pro 24 Stunden.

Glukoseausscheidung im Urin

Steigt der Blutzuckerspiegel auf Werte um 180 mg/dl an, so wird Glukose im Harn ausgeschieden. Dies bezeichnet man als **Überschreiten der Nierenschwelle.** Auf diese Weise können dem Körper erhebliche Mengen an Zucker – und damit auch an Kalorien – verlorengehen. Die Nieren müssen diesen Zucker verdünnen und entziehen dem Körper dazu Wasser. Die Folgen sind ständig starker Durst und vermehrtes Harnlassen, die wichtigsten Symptome des Diabetes.

Die Nierenschwelle

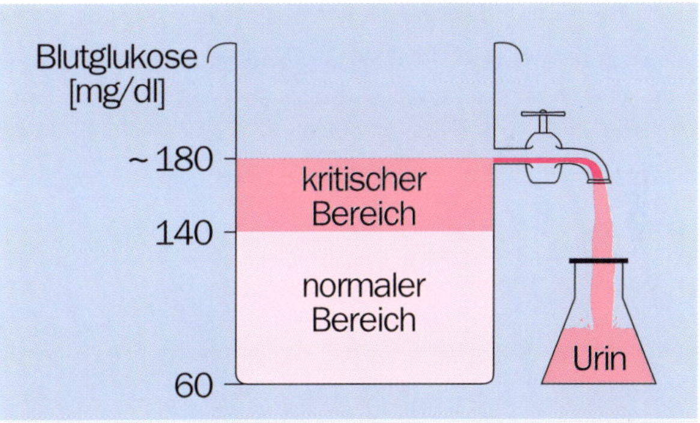

Steigt der Blutzucker über die Obergrenze von ca. 180 mg/dl im Blut an, erscheint Glukose im Harn. Das Auftreten von Harnzucker bedeutet also einen Anstieg der Blutglukose weit über den wünschenswerten Bereich hinaus.
Bei einigen Menschen und während einer Schwangerschaft ist die Nierenschwelle manchmal erniedrigt, dann findet sich auch bei normalen Blutzuckerwerten Zucker im Urin (renale Glukosurie).

DEFINITIONEN

Der Begriff **Diabetes** kommt aus dem Griechischen und bedeutet „Durchfluß“, eine bildliche Beschreibung des vermehrten Wasserlassens bei einer diabetischen Stoffwechselentgleisung.

Mellitus (lateinisch) heißt „honigsüß“, das Wort bezieht sich auf den hohen Traubenzuckergehalt des Urins. Die Krankheit war schon im Altertum bekannt, und es existiert sogar ein ägyptischer Text, der Papyrus Ebers (1500 v. Chr.), der die Symptome beschreibt.

Im medizinischen Sprachgebrauch wird das Adjektiv mellitus zur Abgrenzung gegen eine andere Krankheit mit ähnlichen Symptomen, den **Diabetes insipidus,** verwendet. Diese Krankheit entsteht durch eine Störung in der Hirnanhangdrüse, die zu einer Entgleisung des Mineral- und Wasserhaushalts führt; es besteht jedoch keine Verbindung zum Diabetes mellitus, der Zuckerkrankheit.

Typ-I-Diabetes

Diese Form wurde früher als juveniler Diabetes oder Jugenddiabetes bezeichnet, was aber fallengelassen wurde, da die Krankheit auch in höherem Alter auftreten kann. In der Literatur wird sie auch als **insulinabhängiger Diabetes mellitus** (**IDDM** = insulin-dependent diabetes mellitus) beschrieben. Nimmt man alle Patienten mit Diabetes zusammen, so findet sich dieser Typ in circa 10% der Fälle. Er tritt vorwiegend bis zum Alter von 45 Jahren auf. Sein wichtigstes Merkmal ist der Ausfall der Insulinproduktion in der Bauchspeicheldrüse; er wird deshalb auch als **Insulinmangeldiabetes** bezeichnet. In der Regel müssen die Patienten mit Typ-I-Diabetes mit Insulin behandelt werden.

Die verschiedenen Formen der Zuckerkrankheit: Einteilung nach den Empfehlungen der WHO von 1980

Diabetes mellitus	Typ I Typ II a) normalgewichtig b) übergewichtig Typ III Sekundäre Diabetesformen bei – Erkrankungen der Bauchspeicheldrüse – Hormonstörungen – Medikament- oder Gifteinwirkung – Störungen der Insulinrezeptoren – seltenen vererbten Krankheitsbildern (Syndromen)
Gestationsdiabetes	Diabetes, der nur während einer Schwangerschaft auftritt
Störungen der Glukosetoleranz	a) normalgewichtig b) übergewichtig c) als Nebenbefund bei verschiedenen Erkrankungen

Der Begriff Diabetes mellitus steht für die verschiedenen Formen einer Krankheit, die sich nach der Art ihrer Entstehung und nach dem Lebensalter der betroffenen Personen unterscheiden lassen. Allen Arten gemeinsam ist die mangelnde Insulinwirkung an den wichtigsten Geweben des Körpers.

Typ-II-Diabetes

Diese Form wurde früher als Altersdiabetes oder Erwachsenendiabetes beschrieben. In der Literatur findet sich der Begriff **nicht insulinabhängiger Diabetes mellitus** (**NIDDM** = non-insulin-dependent diabetes mellitus). Hier ist sowohl die Insulinausschüttung in der Bauchspeicheldrüse als auch die Insulinwirkung gestört. Etwa 10% der Patienten mit dieser Diabetesform sind normalgewichtig (Typ IIa), während der überwiegende Teil übergewichtig ist (Typ IIb). Es handelt sich um eine klassische Zivilisationskrankheit, die zu Zeiten des Mangels zurückgeht und bei Überfluß und Überernährung zunimmt. In der Regel tritt dieser Diabetestyp jenseits des vierzigsten Lebensjahres auf, er wird aber vereinzelt auch bei Jugendlichen beobachtet. Typ-II-Diabetes wird mit Diät, Tabletten, aber auch mit Insulin behandelt.

Eine weitere Sonderform dieses Typs tritt bei Jugendlichen auf und wird als MODY (englisch: maturity onset diabetes of the young) bezeichnet. Diese Form wird dominant vererbt, sie ist aber bei uns relativ selten.

Sekundäre Diabetesformen

(auch als Typ-III-Diabetes oder sekundärer Diabetes bezeichnet)

Der Verlust des Pankreas, also der Bauchspeicheldrüse, bedeutet natürlich auch den Ausfall der Insulinproduktion. Das Pankreas kann man durch schwere Entzündungen, Tumore und Verletzungen verlieren. Es entsteht dann ein

Diabetes, der in vielem dem Typ I gleicht, der aber noch kompliziert wird, weil die Feinsteuerung des Stoffwechsels durch den Ausfall des Glukagons gestört wird, eines Hormons, das ebenfalls in der Bauchspeicheldrüse gebildet wird. Gleichzeitig fällt auch die Produktion der Verdauungssäfte weg, die einen wichtigen Faktor für die normale Verdauung darstellen. Auch diese Diabetesform bedarf der Insulinbehandlung.

Bei einer Reihe von Defekten an den Drüsen der inneren Sekretion kann es zu diabetischen Stoffwechselstörungen kommen, die bei der Behandlung der ursprünglichen Krankheit wieder verschwinden. Beispiele dafür sind Zustände mit Überproduktion von Wachstumshormonen oder Kortison. Die Störung entsteht dabei durch einen Überschuß an Hormonen, die in der Zelle dem Insulin entgegenwirken.

Diabetes kann auch als Nebenwirkung von Medikamenten (zum Beispiel Kortison) oder bei Aufnahme bestimmter Gifte auftreten. Seltenere Krankheitsbilder sind Defekte am Insulinrezeptor (die Insulinwirkung an der Zelle ist gestört) und Diabetes durch Mißbildungen an verschiedenen Organen des Körpers.

Schwangerschaftsdiabetes

Bei 2–5% aller Schwangerschaften tritt ein Diabetes auf, der zumeist nach der Entbindung wieder verschwindet. Diese Stoffwechselstörung bringt ein erhöhtes Krankheitsrisiko für Mutter und Kind mit sich, wenn sie nicht erkannt und behandelt wird. Aus diesem Grunde wird bei jeder Schwangeren ein Suchtest durchgeführt. Der Fachbegriff **Gestationsdiabetes** gilt nicht für eine Schwangerschaft bei vorbestehendem Diabetes der Mutter.

Störung der Glukosetoleranz

Es handelt sich um die milde Form einer diabetischen Stoffwechselstörung, die auch das Vorstadium einer echten Zuckerkrankheit (entsprechend dem Typ II) bedeuten kann. Die Störung wird durch einen Zuckerbelastungstest aufgedeckt, bei dem nach Trinken einer Zuckerlösung in halbstündigen Abständen die Blutzuckerspiegel gemessen werden. Es wird also untersucht, wie der Körper mit einer extra Zuckerlast umgehen kann. Läßt sich dabei eine Störung nachweisen, so muß man nach den Ursachen fahnden; meist werden dann Diät und Gewichtsabnahme empfohlen.

Es ist durchaus möglich, daß auch innerhalb der genannten Kategorien die Natur der Krankheit nicht einheitlich ist, und daß sich die Formen der Stoffwechselstörungen in einzelnen biochemischen Details noch weiter unterscheiden. Für die ärztliche Praxis haben sich die genannten Definitionen aber als recht brauchbar erwiesen.

In Einzelfällen kann die Unterscheidung zwischen Typ I und Typ II sehr schwierig sein. Eine genaue Diagnosestellung ist aber für Voraussagen über den Krankheitsverlauf, für die richtige Behandlung und für Aussagen über den Grad einer möglichen Behinderung von großer Bedeutung.

URSACHEN DES DIABETES

Für jeden, der sich mit der Krankheit näher befaßt, ist die Frage nach den Ursachen von besonderem Interesse.

Die Ursachen des Diabetes blieben bis zum Ausgang des vorigen Jahrhunderts weitgehend unbekannt. Schon um die Jahrhundertwende hatte man allerdings erkannt, daß mindestens zwei Formen der Zuckerkrankheit zu unterscheiden sind, wobei die schwerere mehr in der Jugend (Typ I), eine leichtere vorwiegend ab dem mittleren Lebensalter (Typ II) auftritt.

Mehr oder weniger durch einen Zufall gelang den beiden Forschern und Ärzten Josef von Mehring und Oscar Minkowski der Beweis, daß ein Verlust der Bauchspeicheldrüse Diabetes mellitus auslöst. Die beiden Wissenschaftler hatten sich 1898 mit der Funktion der Bauchspeicheldrüse beschäftigt, wobei sie in erster Linie an der Wirkung der dort produzierten Fermente und Verdauungssäfte auf die Verdauung interessiert waren. Dazu führten sie Eingriffe an Hunden durch, bei denen sie auch das Pankreas entfernten. Die Hunde liefen damals frei im Labor herum, und der erste operierte Hund hinterließ besonders große Urinpfützen, auf die zuerst der Labordiener aufmerksam wurde. Von Mehring und Minkowski untersuchten den Urin und fanden darin große Mengen an Traubenzucker. Die Krankheit der Hunde glich der Diabetesform der jungen Menschen.

Drei Jahre später konnte Oscar Minkowski zeigen, daß der Diabetes mellitus der operierten Hunde durch eine Einpflanzung von Pankreasgewebe unter die Haut gebessert werden kann. Noch in den 60er Jahren waren die Ursachen der beiden häufigsten Diabetesformen unklar. Während man in den 70er Jahren den Typ-I-Diabetes als Autoimmunerkrankung erkannte, lichtete sich erst in der letzten Zeit der Schleier über den biochemischen Mechanismen, die zur Entstehung des Typ II führen.

Ansteigen des Blutzuckers bei Insulinmangel

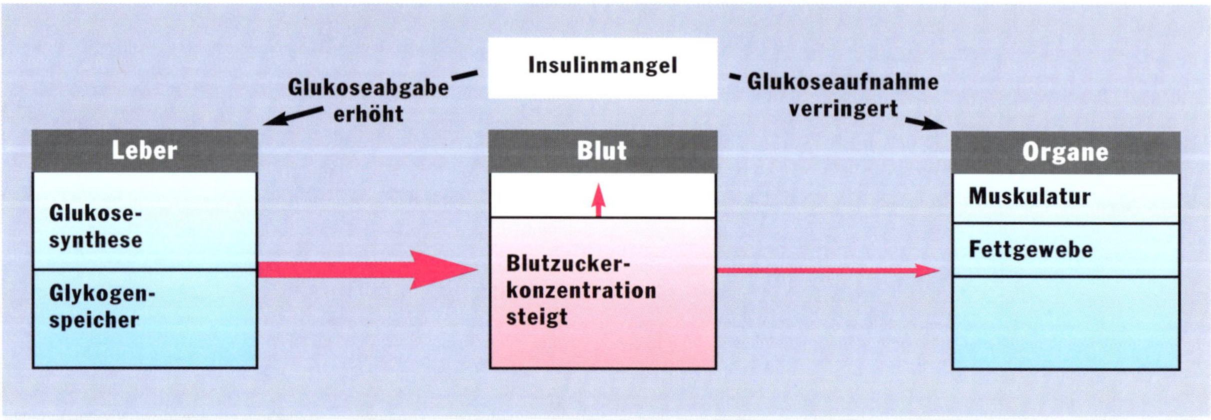

Bei absolutem (Typ I) oder relativem (Typ II) Insulinmangel wird von der Leber zuviel Glukose ins Blut abgegeben, von Muskulatur und Fettgewebe zuwenig aufgenommen. Je nach der noch vorhandenen Insulinwirkung kann sich der Blutzucker auf hohem Niveau einpendeln und nach Überschreiten der Nierenschwelle ständig mit dem Harn ausgeschieden werden.

Typ I: Zerstörung der insulinproduzierenden Zellen

Von den rund 4 Millionen Diabetespatienten in Deutschland haben circa 250000 den Typ-I-Diabetes, der vorwiegend vor dem 45. Lebensjahr auftritt. In der Mehrzahl der Fälle beginnt die Krankheit akut mit den klassischen Symptomen wie Müdigkeit, Durst und vermehrtes Harnlassen (siehe Seite 24). Im Pankreas findet sich ein Entzündungsprozeß, der den gesamten Inselapparat befallen hat und die insulinproduzierenden B-Zellen bis auf einen kleinen Rest zerstört. Dabei handelt es sich in seltenen Fällen um eine akute, häufiger aber um eine chronische Entzündung, bei der die Körperabwehr sozusagen versehentlich über die eigenen B-Zellen herfällt. Man nimmt heute an, daß dieser Autoimmunprozeß mit einem Virusinfekt der Inseln beginnt, bei dem aus den befallenen B-Zellen Eiweißmaterial freigesetzt wird, das die mit der Abwehr von fremdem Eiweiß befaßten Körperzellen als fremdartig erkennen. Diese bilden nun Antikörper gegen die insulinproduzierenden B-Zellen, die dort die chronische Entzündung auslösen, die die B-Zellen allmählich zerstört. Der Prozeß kann über Jahre gehen, ohne daß der Patient etwas davon merkt. Erst wenn über 80% der B-Zellen ausgeschaltet sind, macht sich der Insulinmangel bemerkbar, es kommt zur diabetischen Stoffwechselstörung.

Die Bereitschaft zu einer solchen Autoimmunerkrankung oder auch nur die Anfälligkeit des Inselapparates für bestimmte Viren wird vererbt.

Im Blut lassen sich bestimmte Eiweißfaktoren nachweisen, die bei Typ-I-Diabetes häufiger vorhanden sind als bei der Allgemeinbevölkerung. Leider läßt sich bei ihrem Vorhandensein nur die Empfänglichkeit für Typ-I-Dia-

Entwicklung des Typ-I-Diabetes

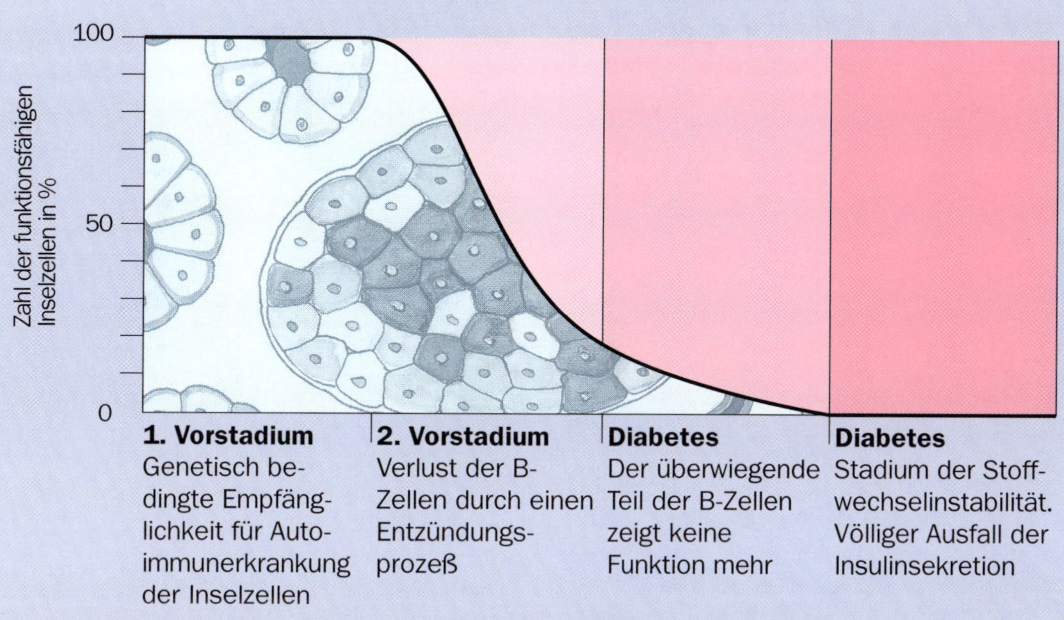

Der Autoimmunprozeß wird wahrscheinlich durch einen Virusinfekt ausgelöst. Erst wenn mehr als 80% der B-Zellen ausfallen, beginnt der manifeste Diabetes. Bei einem völligen Erliegen der Insulinsekretion kommt es zu einer verstärkten Instabilität des Stoffwechsels.

betes, nicht aber ein sicherer Ausbruch der Krankheit voraussagen. Ist der Autoimmunprozeß in Gang gekommen, so lassen sich die von den Abwehrzellen gebildeten Antikörper gegen die Inselzellen nachweisen. Aber auch hiermit ist keine absolut sichere Voraussage möglich, da auch manche gesunden Menschen Antikörper gegen die eigenen Pankreaszellen bilden, ohne daß dadurch eine Entzündungsreaktion erfolgt. Ein wichtiger Zweig der Diabetesforschung befaßt sich heute mit der Früherkennung in der Hoffnung, geeignete Marker zu entdecken, um schon im Frühstadium der Erkrankung eingreifen zu können, bevor der Großteil der Inselzellen zerstört ist. Aber selbst wenn es gelänge, eine bessere Voraussage zu treffen, so fehlen bis jetzt noch die Medikamente, mit denen der Zerstörungsprozeß sicher aufgehalten werden könnte.

Typ II: Eine Folge der Insulinresistenz

Etwa 90% aller Diabetiker sind vom Typ II betroffen, dessen Entstehung sich grundlegend von der des Typ I unterscheidet.

Während sich beim unbehandelten Typ I praktisch kein eigenes Insulin mehr im Blut nachweisen läßt (absoluter Insulinmangel), finden sich bei Typ-II-Diabetikern im Blut weitgehend normale bis leicht erniedrigte Insulinspiegel. Untersucht man diese Patienten genauer, so stellt man fest, daß die normalen Insulinwerte nicht mehr ausreichen, um den Blutglukosespiegel im gesunden Bereich zu halten. Da die Körperzellen für Insulin unempfänglicher geworden sind, kann es seine Wirkung an den Zielorganen nicht voll entfalten (relativer Insulinmangel). Hierfür wurde der Begriff **Insulinresistenz** geprägt. Übergewicht, das heißt ein erhöhter Anteil von Fettgewebe, verstärkt die Insulinresistenz. Obwohl die Anlagen zur Insulinresistenz und zum Übergewicht wahrscheinlich zusammen vererbt werden, muß die Fettsucht alleine nicht zwangsläufig zu Diabetes führen.

Wenn sich eine Insulinresistenz entwickelt, versucht die Bauchspeicheldrüse den Blutzuckerspiegel durch eine vermehrte Insulinausschüttung im Normalbereich zu halten. Zu Beginn der – meist noch nicht erkannten – Erkrankung treten also überhöhte Insulinspiegel im Blut auf. Wenn das Pankreas durch die dauerhafte Überbeanspruchung erschöpft ist, sinkt die Insulinproduktion, so daß die zunehmend insulinresistenten Zellen unter dem relativen Insulinmangel leiden. Die Blutglukosespiegel liegen erst in Belastungssituationen, etwa nach kohlenhydratreichen Mahlzeiten, dann immer regelmäßiger weit über der Norm. Zu diesem Zeitpunkt werden die gesundheitlichen Beeinträchtigungen meist so deutlich wahrgenommen, daß der aufgesuchte Arzt den bestehenden Typ-II-Diabetes feststellt.

Gegenstand eingehender Forschungen ist derzeit der Ort der Insulinresistenz. Wahrscheinlich ist die Übertragung des Insulinsignals zur Steuerung der Stoffwechselprozesse innerhalb der Zellen gestört. Gleichzeitig ist auch eine Verminderung der Zahl von Insulinrezeptoren auf der Zelloberfläche zu beobachten, die zwar zur Insulinresistenz beiträgt, aber nicht die Hauptursache ist. Die bei der Insulinresistenz beobachtete Erschöpfung der Insulinproduktion beruht ebenfalls auf einem vererbbaren Defekt in der B-Zelle. Wahrscheinlich ist es der gleiche biochemische Steuermechanismus, dessen Störung in der B-Zelle zu einer Schwächung der Insulinabgabe und in den Zielzellen zu einer verminderten Insulinwirkung (Insulinresistenz) führt.

Im Schnitt rechnet man damit, daß bereits 5–7 Jahre lang eine ausgeprägte Stoffwechselerkrankung vorliegt, bis man das Vollbild des Diabetes anhand der hohen Blutglukosewerte erkennen kann. Diese Spanne entspricht ungefähr dem Stadium der krankhaften (pathologischen) Glukosetoleranz – früher auch subklinischer Diabetes genannt –, die man nur mit einem Glukosebelastungstest entdecken kann. Der Beginn der Insulinresistenz liegt bei Ausbruch des Diabetes dagegen meist schon 15–25 Jahre zurück.

Es ist von erheblicher Bedeutung, die Vorstadien – darunter fällt auch der Gestationsdiabetes (siehe Seite 16) – rechtzeitig zu erkennen, denn sie können bereits Herz- und Kreislauferkrankungen fördern. Bei der Entwicklung eines Typ-II-Diabetes wirken genetische Faktoren und falsche Ernährung verstärkend zusammen. Die erste Maßnahme, um den Ausbruch der Krankheit zu verzögern oder ganz zu vermeiden, ist daher das Erreichen oder Einhalten des Idealgewichts durch eine angepaßte Ernährung. Wie wir später sehen werden (siehe

Seite 56), spielen deshalb bei der Behandlung des Typ-II-Diabetes eine entsprechende Diät und die richtige Lebensführung eine besonders wichtige Rolle.

Bei bestimmten Bevölkerungsgruppen, wie den Pima-Indianern im Süden der USA oder den Polynesiern auf der Insel Nauru, fällt eine außerordentlich große Diabeteshäufigkeit auf. Beide Bevölkerungsgruppen wurden vor relativ kurzer Zeit der westlichen Zivilisation ausgesetzt, die Überernährung und Bewegungsmangel mit sich brachte, was zu einem sprunghaften Anstieg der Diabeteshäufigkeit führte. Möglicherweise war die Eigenschaft, leicht Fett anzusetzen, ursprünglich ein dem Überleben dienliches Merkmal, denn damit ließen sich Notzeiten besser überstehen. Längere Phasen des Nahrungsüberflusses gab es früher dagegen nicht.

Heute liegt die Diabeteshäufigkeit bei den erwachsenen Pima-Indianern bei circa 40%, ein weiterer Hinweis darauf, daß die genetischen Anlagen zu Fettleibigkeit und Insulinresistenz wohl gemeinsam vererbt werden.

Entstehung des Typ-II-Diabetes

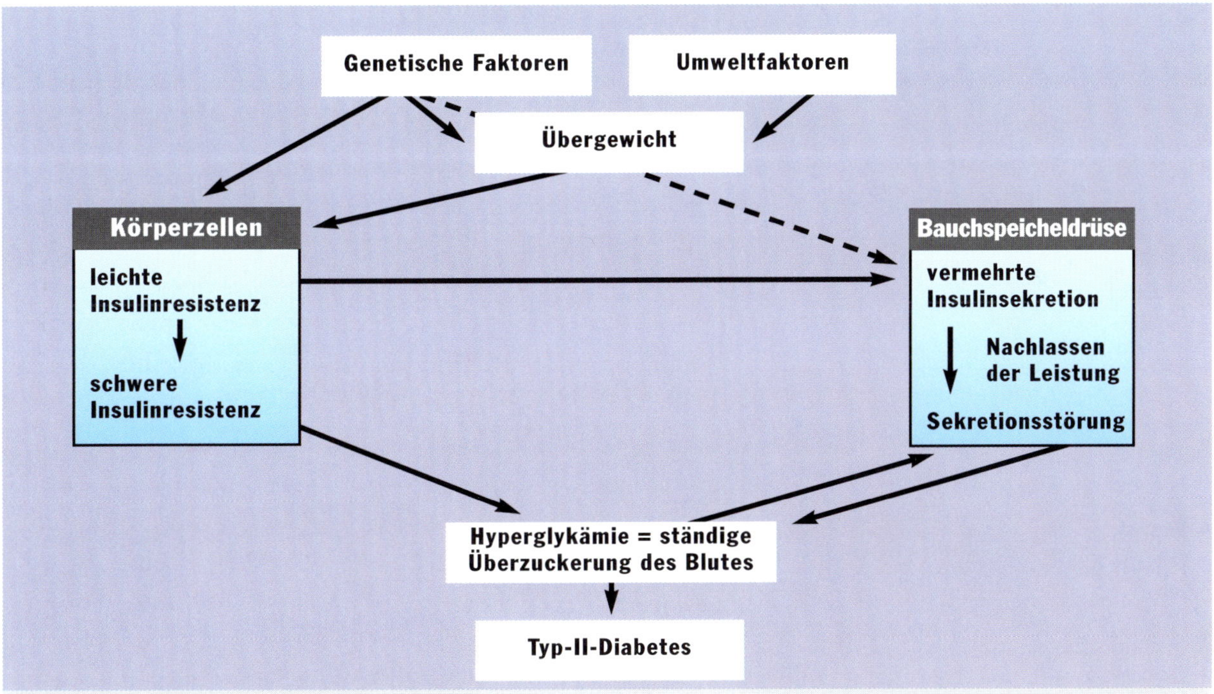

Bei der Entwicklung eines Typ-II-Diabetes spielt die Insulinresistenz der Körperzellen eine führende Rolle. Sie beruht auf Vererbung, wird aber durch Übergewicht gefördert. Die Störung beginnt circa 15–25 Jahre vor dem Ausbrechen des Diabetes. Sie wird zunächst durch vermehrte Insulinsekretion kompensiert. Bei zunehmender Resistenz beginnt die Insulinproduktion nachzulassen, die Blutzuckerspiegel steigen.
Sind beide Elternteile an Typ-II-Diabetes erkrankt, so liegt die Chance, mit 50 Jahren selber einen Diabetes zu entwickeln, bei 50%.

FOLGEN DES INSULINMANGELS

Während sich die Auswirkungen des Insulinmangels beim Typ I meist schnell und sehr deutlich bemerkbar machen, beginnen sie beim Typ II in der Regel unterschwellig und langsam, die Krankheit kann über Jahre unerkannt bleiben.

Nur bei wenigen Erkrankungen lassen sich die Symptome so genau auf die jeweilige Stoffwechselstörung zurückführen wie beim Diabetes.

Auswirkungen auf den Kohlenhydratstoffwechsel

Das diabetesbedingte Ansteigen der Blutglukose führt zu permanent überhöhten Blutzuckerspiegeln über die Obergrenze des gesunden Bereichs von circa 140 mg/dl hinaus.

Oberhalb der Nierenschwelle (circa 180 mg/dl) scheiden die Nieren Glukose im Harn aus. Je höher die Blutzuckerkonzentration ist, desto mehr Wasser müssen die Nieren dem Körper entziehen, um den Zuckerüberschuß mit dem Harn auszuschwemmen.

Bei sehr hohen Blutzuckerspiegeln ab etwa 300 mg/dl gehen mit dem Urin auch viele Mineralsalze, insbesondere das Kalium, verloren.

Bei steigenden oder sinkenden Blutzuckerwerten können durch osmotische Veränderungen an der Augenlinse Sehstörungen hervorgerufen werden. In der Augenlinse entstehen nämlich aus Glukose andere Zuckermoleküle (Sorbit), die nur langsam abgebaut werden und nur in geringem Maße durch die Membran der Linse wieder nach außen dringen. Diese Zuckerstoffe ziehen Wasser an, so daß die Linse aufquillt und ihre Lichtbrechungseigenschaften verändert. Dadurch kommt es zu einer vorübergehenden Kurzsichtigkeit.

Bei einem Absinken des Blutzuckerspiegels nimmt die Menge dieser aus der Glukose gebildeten Zucker in der Linse ab, so daß nunmehr der Quellungsdruck zurückgeht und die Linse flacher wird. Dadurch kommt es vorübergehend zur Weitsichtigkeit.

Diese osmotischen Wirkungen werden auch an den Nerven beobachtet, was deren Funktion beeinträchtigen und einschränken kann.

Durch den Wasserentzug und den Brennstoffmangel büßen alle Körperzellen einen Teil ihrer Leistungsfähigkeit ein, sie können nur noch „auf kleiner Flamme“ arbeiten.

Muskeln und Leber reagieren auf den Glukosehunger der Zellen mit einem gesteigerten Abbau der Glykogenspeicher, die Leber produziert aus anderen kohlenstoffhaltigen Molekülen des Körpers die benötigte Glukose (Glukoneogenese).

Störungen des Fett- und Eiweißstoffwechsels

Bei Insulinmangel lösen die Fettzellen zunehmend ihre Depots auf. Das Blut wird mit Fettsäuren überschwemmt, die in der Leber zu Ketonkörpern abgebaut werden, was zu einer gefährlichen Übersäuerung des Blutes führen kann. Diese Ketonkörperbildung ist das Zeichen einer massiven Stoffwechselentgleisung und gewöhnlich ein Signal für rasches Handeln. Es gibt allerdings einzelne Patienten mit Typ-I-Diabetes, die bereits bei geringeren Entgleisungen zur Ketonkörperbildung neigen. Aber auch hier kann der Nachweis von Ketonkörpern nicht als harmlos gewertet werden. Die klinischen Zeichen einer Entgleisung des Fettstoffwechsels sind Übelkeit und Brechreiz; bei einer beginnenden Übersäuerung können auch Bauchschmerzen entstehen, die zu Fehldiagnosen Anlaß geben.

Insulinmangel führt zu gesteigertem Eiweißabbau und zu einer Einschränkung der Eiweißsynthese. Die Symptome sind Schwäche, Gewichtsabnahme und Muskelschwund.

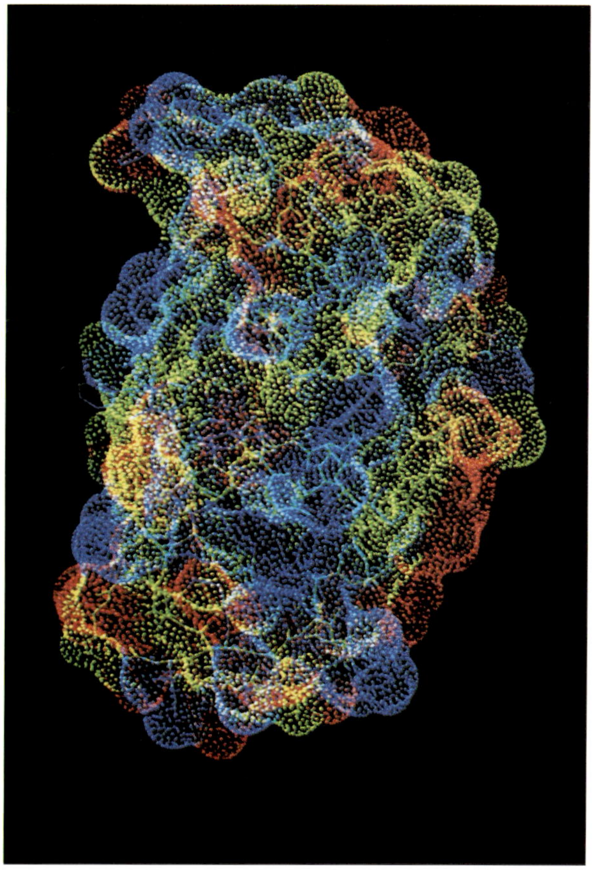

Dreidimensionale Computerdarstellung eines menschlichen Insulinmoleküls

DIAGNOSESTELLUNG BEI DIABETES

Obwohl der Diabetes zu den häufig auftretenden Erkrankungen in unserer Industriegesellschaft zählt, ist die Diagnosestellung nicht immer ganz einfach, weil die gleichen Symptome auch von anderen leichten Erkrankungen hervorgerufen werden können und sich oft so langsam entwickeln, daß sie lange Zeit der Aufmerksamkeit entgehen.

Symptome und klinische Zeichen

Es gibt Formen des Typ-I-Diabetes, die sich recht langsam über Monate hinweg entwickeln, so daß die sich allmählich steigernden Symptome wegen der Gewöhnung gar nicht bewußt wahrgenommen werden. Auffälliger Durst, häufige Gänge zur Toilette, Erschöpfung und Gewichtsreduktion werden anfangs oft für typische Wachstumserscheinungen gehalten, die „sich schon wieder geben werden", bis es zur akuten Stoffwechselentgleisung kommt, die den Patienten ins Krankenhaus führt.

Bei Typ II kann sich der Beginn schleichend über Jahre hinziehen, bis die Beschwerden den Patienten zum Arzt führen. Der Typ II wird deshalb vielfach erst bei einer allgemeinen Gesundheitsuntersuchung oder im Zuge von Früherkennungsaktionen entdeckt. Im Grenzbereich zwischen den Vorstadien und dem Ausbruch der Erkrankung muß man sich ganz auf die Laboruntersuchungen stützen.

Typ-I-Diabetes

Bei dieser Form macht sich der Diabetes meist mit den in der Tabelle angegebenen Symptomen bemerkbar.

Symptome bei Typ-I-Diabetes
Zunehmend andauernde Abgeschlagenheit
Starker und andauernder Durst
Häufiges Wasserlassen
Austrocknung
Gewichtsverlust
Vorübergehende Sehstörungen
Juckreiz
Infektionsanfälligkeit
Häufige oder hartnäckige Hautinfektionen

Einen ersten Verdachtsmoment kann die Erforschung der Familiengeschichte auf Verwandte mit Diabetes erhärten, obwohl der Typ I nicht mit einer so hohen Durchschlagskraft vererbt wird wie der Typ II (siehe Seite 20).

Typ-II-Diabetes

Wie schon besprochen, entwickelt sich der Typ-II-Diabetes bei der Mehrzahl der Menschen erst nach dem 45. Lebensjahr. Er kann über Jahre hinweg immer wieder minimale Symptome verursachen und bleibt zum Schaden der Patienten unerkannt, weil sich die Spätkomplikationen ungehemmt entwickeln können. Manchmal führen erst Beschwerden wie eine (diabetesbedingte) Nervenstörung oder eine Herz- und Gefäßerkrankung die Betroffenen zum Arzt.

Symptome bei Typ-II-Diabetes
Immer öfter Müdigkeit und Abgeschlagenheit, vor allem nach Mahlzeiten
Auffälliger, anhaltender Durst
Häufiges Wasserlassen ohne Blasenprobleme
Juckreiz
Gefühlsstörungen an den Füßen
Potenzprobleme
Übergewicht
Diabetesfälle in der Familie

Der Typ-II-Diabetes wird leider als sogenannter Alterszucker zu sehr verharmlost. Im Hinblick auf die schweren Gefäßschäden, die er verursacht, ist es falsch, auch beim älteren Menschen den Diabetes nicht zu diagnostizieren und zu behandeln. Selbst wenn sehr alte Patienten die Entwicklung ihrer Spätkomplikationen nicht mehr erleben, so können sie doch von den Auswirkungen zu hoher Blutzuckerspiegel akut betroffen sein.

Die Symptome hängen von der Qualität der Stoffwechseleinstellung ab

Ein Patient mit Diabetes, dessen Blutzucker im normalen Bereich eingestellt ist, hat in der Regel keine Symptome. Auch bei kleinen Abweichungen, also bei Spitzenwerten bis circa 200 mg/dl, müssen noch keine nennenswerten Beschwerden auftreten, was auch erklärt, warum Patienten mit einer milden Form von Typ-II-Diabetes so lange unerkannt bleiben können.

Bei älteren Menschen können sich erhöhte Blutglukosespiegel in einer Verschlechterung des Allgemeinbefindens und in einer Abnahme ihrer geistigen Funktionen ausdrücken. Diese Störungen bilden sich nach einer Korrektur der Stoffwechseleinstellung in den Normalbereich schlagartig zurück.

Symptome des drohenden diabetischen Komas

Für einen Patienten mit Diabetes, aber auch für seine Verwandten und Bekannten, ist es wichtig, die Symptome einer schweren Stoffwechselentgleisung rechtzeitig zu erkennen. Ein Problem dabei ist, daß Stoffwechselentgleisungen vielfach durch andere Krankheiten ausgelöst werden, so daß sich die Auswirkungen dieser Erkrankungen mit den Symptomen der Stoffwechselstörung überlappen.

Wichtige Symptome sind aber extreme Müdigkeit und Mattigkeit, starke Austrocknung (Hautfalten bleiben stehen) und Bewußtseinsstörungen. Eine Übersäuerung bei einem beginnenden diabetischen Koma zeigt sich in Übelkeit und Erbrechen, einem fruchtigen Azetongeruch (wie Nagellackentferner) in der Atemluft und in Bauchschmerzen.

Ein gut geschulter Patient sollte in der Lage sein, durch die Blut- und Harnzucker-Selbstkontrollen die Entgleisung so frühzeitig zu erkennen, daß sich derartige Symptome gar nicht erst entwickeln.

Anzeichen für das diabetische Koma
Extreme Müdigkeit und Mattigkeit
Starke Austrocknung (Hautfalten bleiben stehen)
Brechreiz, Erbrechen
Bauchschmerzen
Bewußtseinsstörungen
Azetongeruch in der Atemluft

Laboruntersuchungen

Die Diagnose wird durch den Nachweis hoher Glukosekonzentrationen in Blut und Harn gestellt. Hierbei kommt es aber sehr auf die Qualität der Messungen und auf die Kriterien an, nach denen die Diagnose erhärtet wird.

Wann ist die Diagnose sicher?

Die WHO hat Kriterien herausgegeben, die auch in Zweifelsfällen eine eindeutige Diagnosestellung ermöglichen. Grundlage hierfür ist die Messung des Blutzuckers mit anerkannten, durch Ringversuche kontrollierten Methoden. Einfache Teststreifen, wie sie zur Blutglukose–Selbstkontrolle verwendet werden, sind hierfür nicht ausreichend. Man muß sich die Konsequenzen vor Augen führen, die eine solche Diagnose nach sich zieht. Handelt es sich doch in jedem Fall um eine chronische Krankheit, die nicht heilbar ist und die selbst in mil-

i n f o

Kriterien der WHO zur Diabetesdiagnostik

- Nüchternblutzucker (aus der Fingerbeere oder einer Vene) über 120 mg/dl
- Messung zwei Stunden nach einer Mahlzeit:
  über 200 mg/dl aus der Fingerbeere oder über 180 mg/dl aus einer Vene
- Mindestens zwei Werte müssen im kritischen Bereich liegen

den Fällen behandelt werden muß. Manchmal entdeckt der Arzt bei einer Routineuntersuchung mit Hilfe der Urinanalyse zum ersten Mal Zucker im Harn. Die Feststellung von Harnzucker (Glukosurie) ist aber kein Beweis für Diabetes, da bei einigen Stoffwechselgesunden, vor allem während der Schwangerschaft, eine Erniedrigung der Nierenschwelle vorkommt, so daß schon bei niedrigen Blutzuckerspiegeln Glukose im Harn zu beobachten ist. Natürlich muß in jedem Fall beim Nachweis von Zucker im Urin ein Blutzuckertest durchgeführt werden. Nach den Empfehlungen der WHO darf sich die Diagnose nicht auf einen einzelnen erhöhten Blutzuckerwert stützen.

Verschiedene Maßeinheiten bei Blutzucker

Die Angabe des Blutzuckerspiegels in mg%, mg/dl oder mmol/l ist immer noch Gegenstand heftiger Diskussionen. Internationale Kommissionen haben aus rein wissenschaftlichen Gründen für die Vereinheitlichung aller Konzentrationsangaben bei klinischen Tests die Einheit mmol/l empfohlen. Die Blutzuckerspiegel werden aber traditionell seit Jahrzehnten in mg% bzw. mg/dl angegeben, und die Patienten haben sich an diese Nomenklatur gewöhnt. Entsprechend haben sich die Fachgesellschaften verschiedener Länder, insbesondere der in den medizinischen Wissenschaften tonangebenden USA, gegen eine Änderung der Nomenklatur in mmol/l im Rahmen der praktischen Diabetesbehandlung ausgesprochen. Auch in den alten Bundesländern ist mit Rücksicht auf die Patienten die Angabe in mg/dl üblich, während sich die frühere DDR ursprünglich an die neue Nomenklatur angeschlossen hatte, so daß dies in den neuen Bundesländern noch vielfach so gehandhabt wird.

Umrechnung der Blutzuckereinheiten

mg/dl = mg%	entsprechen	mmol/l
20	=	1,11
40	=	2,22
60	=	3,34
80	=	4,45
100	=	5,56
120	=	6,67
140	=	7,78
160	=	8,89
180	=	10,00
200	=	11,11
220	=	12,22
240	=	13,34
260	=	14,45
280	=	15,56
300	=	16,67
320	=	17,78
340	=	18,89
360	=	20,00
380	=	21,11
400	=	22,22

Diagnostik in Grenzfällen

Besondere Schwierigkeiten macht die Diagnostik in Fällen, bei denen die Blutglukosespiegel zwischen 140 und 200 mg/dl liegen. In dieser Grauzone muß ein **Glukosebelastungstest** zur Sicherung der Diagnosestellung durchgeführt werden: Die Testperson trinkt dabei eine genau definierte Zuckerlösung. Anschließend wird in regelmäßigen Abständen der Blutglukosewert gemessen. Vorbedingungen sind: Die Testperson muß sich vorher drei Tage lang kohlenhydratreich ernähren, darf nicht mit Kortison oder anderen Medikamenten behandelt werden, die den Test beeinflussen, und sollte keine Erkrankungen wie Infekte haben, die die Ergebnisse verfälschen können. Mit dem Belastungstest läßt sich die Diagnose Diabetes mellitus oder Glukosetoleranzstörung stellen.

Ein besonderer Fall für die Diabetesdiagnostik ist die **Schwangerschaft.** Heute gehen die Empfehlungen dahin, daß bei jeder gesunden Schwangeren eine Glukosebelastung als Suchtest (Screening) durchgeführt werden soll. Dieser Suchtest wird mit weniger Glukose (50g) als gewöhnlich durchgeführt und unterliegt nicht den gleichen strengen Bedingungen wie die klassische orale Glukosebelastung.

Mit welchen Methoden läßt sich der Krankheitsverlauf verfolgen?

Wie bei kaum einer anderen Krankheit wird bei allen Formen des Diabetes die ständige Mitarbeit des Patienten bei Behandlung und Stoffwechselkontrolle notwendig. Damit geht auch ein erheblicher Teil der Verantwortung für den Verlauf der Erkrankung vom Arzt auf den Patienten über. Voraussetzung dafür ist, daß der Patient die Methoden der Stoffwechselkontrolle kennt und beherrscht; dafür ist eine ausgiebige **Schulung** notwendig.

Verlaufskontrolle durch den Patienten

Wie kann der Patient sicherstellen, daß sein Blutzucker so eingestellt bleibt, daß möglichst wenig Risiken für die Entwicklung von Spätkomplikationen auftreten? Für jeden Patienten, der sich selbst mit Insulin behandelt, ist die **Blutzucker-Selbstkontrolle** notwendig. Ausnahmen sind natürlich solche Patienten, bei denen dritte Personen wie Angehörige oder Pflegepersonen die Behandlung und ihre Kontrolle übernehmen. Da es bei der Insulinbehandlung immer zu Komplikationen – vor allem zu Unterzucker – kommen kann, ist diese Forderung leicht zu verstehen.

Obwohl **Harnzuckermessungen** billiger sind und viel leichter und schmerzloser vonstatten gehen, werden sie heute für alle Typ-I-Diabetiker und für einen Großteil der Typ-II-Diabetiker nicht mehr als ausreichend erachtet. Dies liegt daran, daß die Grenzen der Blutzuckerregulation unterhalb der Nierenschwelle liegen; daß ein Patient, bei dem sich Glukose im Harn findet, also bereits schlecht eingestellt ist. **Eine optimale Einstellung sollte nicht über Werte zwischen 160 und 170 mg/dl hinausgehen,** also wesentlich unterhalb der Nierenschwelle liegen. Patienten mit relativ hohen Nierenschwellen sind auch bei Harnzuckerfreiheit nicht mehr optimal eingestellt. Ein zweites Argument für die Blutzucker-Selbstkontrolle ist die Tatsache, daß sich Unterzuckerzustände nicht über den Harnzucker nachweisen lassen. So kann in Zweifelsfällen der Patient selbst feststellen, ob er einen Unterzucker hat und ob er diesen durch eine vermehrte Kohlenhydratzufuhr oder sogar durch eine Glukagoninjektion behandeln muß.

Anders ist die Situation bei Typ-II-Diabetikern, die ausschließlich mit Diät oder mit Diät und Tabletten eingestellt sind. Hier kann man sich auf die Harnzucker-Selbstkontrolle verlassen, wenn Blutzucker und Langzeiteinstellung in regelmäßigen Abständen durch den behandelnden Arzt kontrolliert werden. Allerdings wird die Blutzucker-Selbstkontrolle auch hier empfohlen, da sie in Zweifelsfällen genauere Auskunft gibt.

Die Blutglukose-Selbstkontrolle

Die Blutglukose-Selbstkontrolle ist zu einem wichtigen Bestandteil der Stoffwechselführung und der Partnerschaft zwischen Arzt und Patient geworden. Verschiedene Untersuchungen haben eindrucksvoll gezeigt, daß die Qualität der Einstellung, und damit auch die Zahl der Komplikationen, direkt von der Zahl der täglichen Blutzuckerbestimmungen abhängt.

Dies gilt in erster Linie für Patienten mit Typ-I-Diabetes und für Anwender der intensivierten Insulintherapie (siehe Seite 48), die täglich Selbstbestimmungen durchführen müssen, was enorme Anforderungen an die Selbstdisziplin der Betroffenen stellt. Die Aussicht, sich für Blutzuckerbestimmungen und Mehrfachinjektionen über Jahre hinweg bis zu zehnmal täglich selbst verletzen zu müssen, ist anfangs schwer vorstellbar. Dennoch ist derzeit für die Mehrzahl der Patienten keine Alternative in Sicht, da es keinen besseren Weg gibt, um Spätkomplikationen weitestgehend zu vermeiden. Selbstkontrolle und Spritzen werden den meisten Patienten aber über die Jahre hinweg zum Bestandteil des täglichen Lebens.

Teststreifen und Meßgeräte

Die Entwicklung der Trockenchemie – so kann das Gebiet der Schnelltests an Körperflüssigkeiten bezeichnet werden – ist das erstaunliche Ergebnis intensiver Forschung und Entwicklung mit unmittelbarem Nutzen für die Praxis. Mit Hilfe von Schnelltests lassen sich heute am Krankenbett viele Bestimmungen durchführen, die eine rasche Diagnosestellung erlauben. So wird zum Beispiel bei jedem bewußtlosen Patienten mit unbekannter Diagnose ein Glukoseschnelltest durchgeführt.

Angesichts der Vielzahl der angebotenen Teststreifen und Meßgeräte lassen sich keine konkreten Empfehlungen aussprechen. Wichtig sind eine kurze Wartezeit und wenige Bedienungsschritte.

Wichtig ist vor allem, daß das Meßsystem dem Anwender nicht erlaubt, willkürlich Korrekturen zu seinen Gunsten vorzunehmen. Dabei **gewährleistet ein Meßgerät im Vergleich zur Farbschätzung anhand einer Farbskala mehr Neutralität.** Ohne eine sorgfältige Dokumentation der Werte ist die Blutglukose-Selbstkontrolle allerdings wertlos.

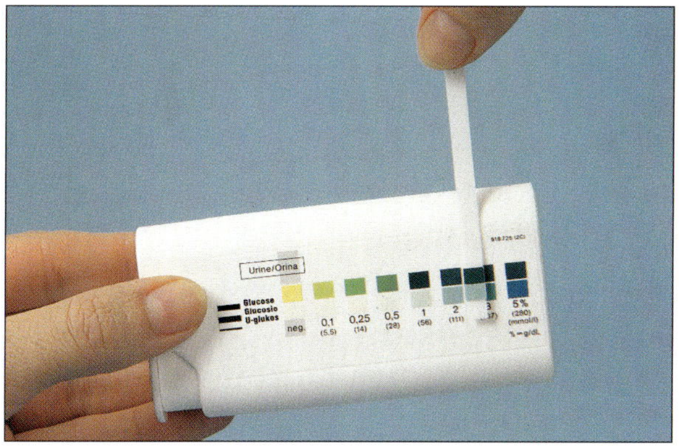

Teststreifen: schnell, einfach und preiswert

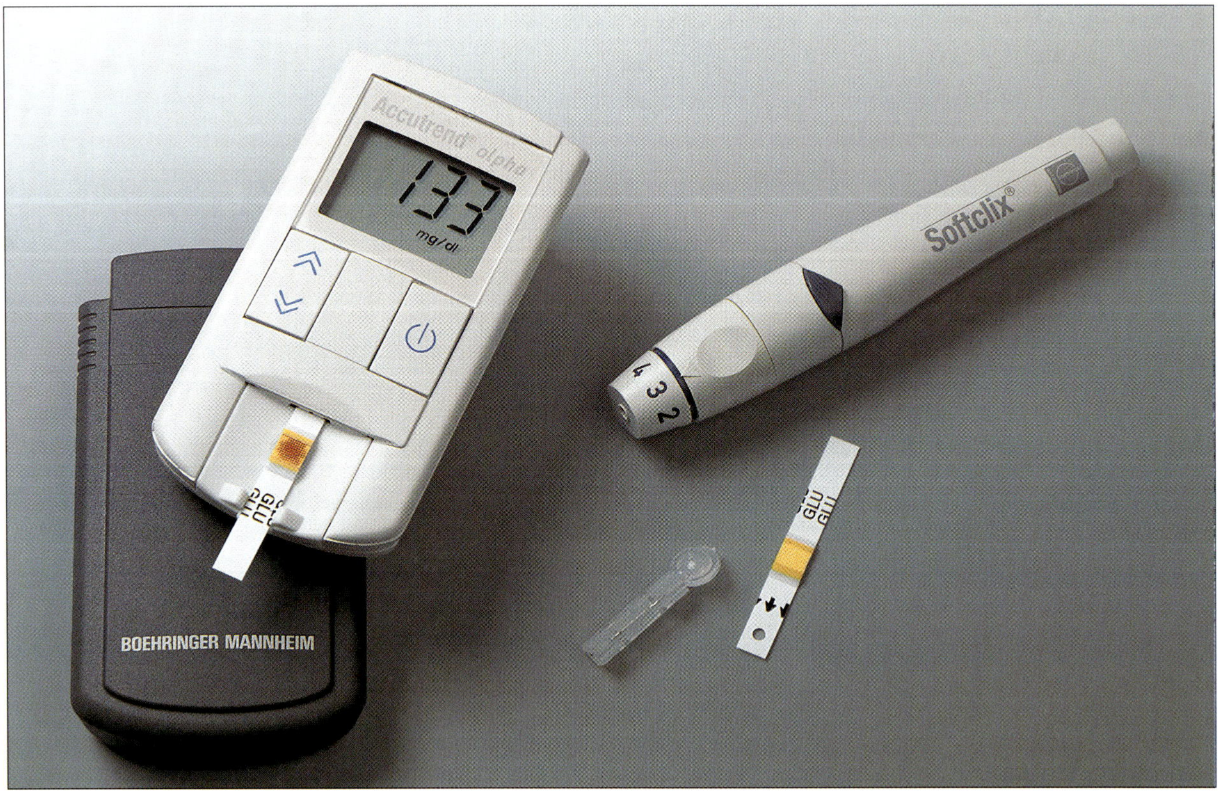

Blutzuckermeßgerät und Stechhilfe

Moderne Meßgeräte können die Blutzuckerwerte speichern und in einem Computerausdruck darstellen, was eine besonders schnelle Übersicht ermöglicht.

Wir haben immer wieder erlebt, daß vor allem Jugendliche perfekte Protokolle fabriziert haben, während sie tatsächlich schlecht eingestellt waren. Vielleicht wollten sie sich die unangenehme Diskussion über ihre schlechte Einstellung ersparen oder dem Arzt sogar Freude bereiten.

Neben diesen Extremfällen gibt es aber immer wieder auch Situationen, in denen die Geräte aufgrund von Funktionsstörungen oder fehlerhaften Teststreifen falsch anzeigen und damit den Patienten in eine gefährliche Abweichung treiben. **Man kann an die Geräte zur Selbstmessung nicht den gleichen Anspruch stellen wie an eine regelmäßig kontrollierte Labormethode.** Vergleichen Sie also immer wieder Ihre Werte mit denen eines ärztlichen Labors und den längerfristigen Verlauf mit den Werten der HbA_{1C}-Bestimmung.

Das Diabetestagebuch

Insulinart, Dosierung und Zeitpunkte von Insulininjektionen, Zeitpunkte und Ergebnisse von Messungen der Blutzuckerwerte, Änderungen bei der Dosierung von Insulin oder Tabletten, Besonderheiten in der Diät oder das Auftreten von Erkrankungen müssen in einem Tagebuch dokumentiert werden, das jeder Mensch mit Diabetes immer mit sich führen sollte. Obwohl dieser Dokumentation etwas Pedantisches anhaftet, ist sie notwendig, denn nur so können der Verlauf der Erkrankung und die Wirksamkeit von Behandlungsmaßnahmen für den Patienten selbst als auch für den behandelnden Arzt festgehalten werden, der auf der Basis dieser Daten den Verlauf beurteilt und sinnvolle Korrekturen empfiehlt. Obwohl es bereits Ansätze zur elektronischen Dokumentation gibt, bei denen die gespeicherten Blutzuckerwerte graphisch dargestellt werden können, ist das Tagebuch immer noch unerläßlich.

Verlaufskontrolle durch Langzeitmethoden

Zur Kontrolle der Einstellungsqualität dient die Bestimmung des **HbA_1** oder **HbA_{1C}**. Dieser Kennwert gibt das Ausmaß der Verzuckerung des in den roten Blutkörperchen gebundenen Hämoglobins (Hb) wieder. Die Verzuckerung des Blutfarbstoffes Hämoglobin ist proportional zum Blutzuckerspiegel während der dem Test vorausgehenden vier bis sechs Wochen.

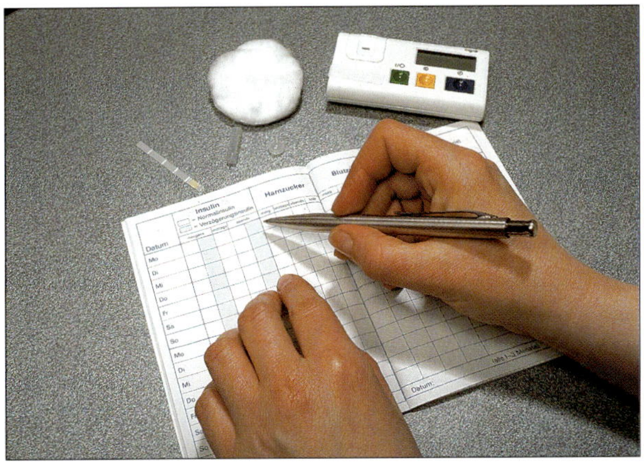

Eintragen der Meßwerte

Während also die Blutzuckerbestimmung nur eine Momentaufnahme ist, stellt das verzuckerte (glykosylierte) Hämoglobin eine Art Gedächtnis für das Blutzuckerniveau dar.

Da es für die Bestimmung im Labor verschiedene Methoden gibt, die zum Teil verschiedene Normalbereiche liefern, muß man **immer den ermittelten Wert mit dem jeweiligen Normalbereich des Labors in Beziehung setzen!** Der Normalbereich für HbA_{1C} reicht bis maximal 6%, während die obere Normgrenze für HbA_1 etwa bei 8% liegt.

DIE BEHANDLUNG MIT INSULIN

Vor der Entdeckung des Insulins war die Lebenserwartung bei Typ-I-Diabetes nach der Diagnosestellung im Durchschnitt etwa auf ein Jahr beschränkt. Für Patienten mit Typ-I-Diabetes hat also erst die Entdeckung des Insulins im Jahre 1921 die Möglichkeit gebracht, länger zu überleben.

Die Geschichte der Entdeckung des Insulins und seiner Einführung in die Klinik liest sich wie ein spannender Roman. Nachdem bereits vor dem 1. Weltkrieg verschiedene Wissenschaftler wie der Deutsche Georg L. Zuelzer oder der Rumäne Nicolas Paulesco das Hormon praktisch schon in den Händen hatten, gelang die endgültige Entdeckung Frederic G. Banting und Charles Best 1921 in Toronto. Beide waren eigentlich Außenseiter, wenn man bedenkt, daß Banting orthopädischer Chirurg und Best Medizinstudent war. Wieder waren die Versuchstiere Hunde, bei denen durch die Entfernung der Bauchspeicheldrüse ein Diabetes erzeugt wurde. Beide Forscher holten sich Rat bei den Proteinchemikern im Physiologischen Institut der Universität Toronto, wo sie unter der Leitung von Professor McLeod arbeiteten. Insulin wurde dann bereits in den 20er Jahren in großem Stil produziert und weltweit eingesetzt.

Der Physiologe Charles H. Best (1899–1978) entdeckte 1921 mit Frederick G. Banting und John J. R. McLeod in Kanada das Insulin

Der Mediziner Frederick G. Banting (1891–1941)

Historische Marksteine in der Insulinbehandlung	
1889	Oskar Minkowski und Josef von Mering zeigen, daß die Entfernung des Pankreas bei Hunden zu Diabetes führt.
1892	Oskar Minkowski und Emmanuel Hedon können den Diabetes von Hunden, bei denen das Pankreas entfernt wurde, durch Implantation von Pankreasgewebe unter die Haut bessern.
1908	Georg Ludwig Zuelzer entwickelt einen Extrakt aus Kälberpankreas, mit dem er den Diabetes bei Hunden bessern kann. Klinische Versuche mit Patienten müssen wegen Nebenwirkungen abgebrochen werden.
1921	Frederic G. Banting und Charles H. Best isolieren aus dem Pankreas Insulin.
1922	Erste erfolgreiche Behandlung mit Insulin bei einem 14jährigen Jungen.
1923	Das erste Insulinpräparat erscheint in Deutschland im Handel.
1936	H. C. Hagedorn stellt das erste Insulinpräparat mit Depotwirkung her.
1974	Entwicklung eines glukosegesteuerten Insulin-Infusions-Systems („Künstliches Pankreas“) durch M. Albisser (Toronto) und E. F. Pfeiffer (Ulm). Entwicklung von Insulindosiersystemen durch Slama und Mitarbeiter (Paris) und Hepp und Mitarbeiter (München).
1981	Erster Prototyp einer implantierbaren Insulinpumpe der Firma Siemens.
1982	Einführung des Humaninsulins in die Diabetestherapie.
1983	Einführung der intensivierten Insulintherapie.
1994	Endgültiger Beweis für den Zusammenhang zwischen der Qualität der Stoffwechseleinstellung und der Entwicklung diabetischer Spätkomplikationen durch skandinavische Studien und das Diabetes Control und Complications Trial (DCCT).

Human- oder tierische Insuline?

In den vergangenen 20 Jahren wurden die Insulinpräparate zunehmend besser gereinigt, das heißt, von anderen in der Bauchspeicheldrüse enthaltenen Eiweißstoffen befreit. Vor dieser Hochreinigung war die Antikörperbildung der Behandelten gegen die beigemischten Fremdeiweiße ein erhebliches klinisches Problem, und wir konnten immer wieder Patienten beobachten, bei denen auf Grund von Antikörpern, die das gespritzte Insulin blockierten, immer höhere Insulindosen bis zu Hunderten von Einheiten notwendig wurden. Ein weiteres Problem war das plötzliche Auseinanderfallen der zunächst inaktiven Insulin-Antikörperkomplexe, bei denen relativ rasch freies, aktives Insulin entstand. Dadurch kam es zu plötzlichen Unterzuckerreaktionen. Die heute übliche Hochreinigung hat die Gefahr der Antikörperbildung entscheidend reduziert. Um ganz sicherzugehen, hat man sich entschlossen, Humaninsulin zu produzieren, also ein Insulin, das in seiner Struktur mit dem menschlichen Insulin identisch ist. Dies erreicht man entweder durch eine chemische Veränderung am Schweineinsulin (semisynthetische Herstellung) oder durch gentechnologische Produktion. Bei dem biosynthetischen Insulin werden Zellen von gewöhnlicher Bäckerhefe oder Bakterien gentechnisch so manipuliert, daß sie im großen Stil Humaninsulin produzieren. Dieses Verfahren bringt eine erhebliche Vereinfachung der chemischen Reinigungsschritte mit sich. Das Ergebnis ist also einmal reines Humaninsulin als Ausgangsstoff für die Insulin-

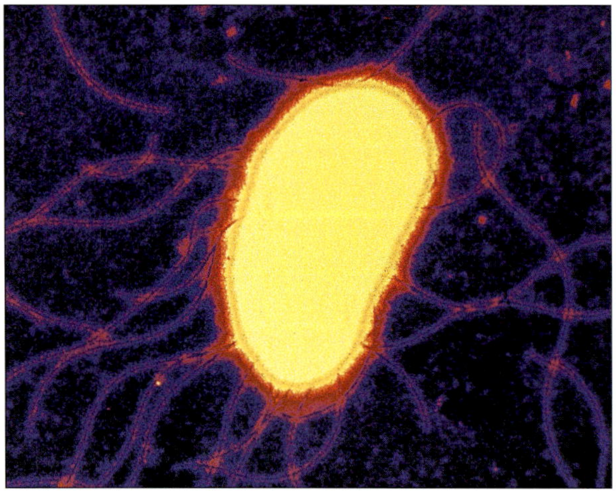

Bakterien (Escherichia coli) kann gentechnologisch der Befehl „eingeimpft" werden, Insulin zu produzieren

zubereitungen und zum anderen völlige Unabhängigkeit von tierischen Bauchspeicheldrüsen, die ja vorher das Ausgangsprodukt für Insulin waren. Es ist zudem sehr positiv, daß mit der Einführung von Humaninsulin auch die verwirrende Vielfalt der verschiedenen Insulinzubereitungen reduziert werden konnte. **Vergleicht man die Antikörperbildung bei hochgereinigtem Schweineinsulin mit der bei Humaninsulin, so ist der Unterschied unbedeutend.**

In den letzten Jahren kam es leider zu erheblichen Kontroversen über die Nebenwirkungen von Humaninsulin, die von der Presse begierig aufgenommen und aufgebauscht wurden. Diese Diskussionen wurden vorwiegend im deutschsprachigen Gebiet ausgetragen. Es ging dabei um die Frage, ob bei Humaninsulin gefährliche tiefe Hypoglykämien auftreten, die zudem von den Patienten anders als bei tierischen Insulinen empfunden werden. Alle bisherigen Studien können aber keinen sicheren Unterschied nachweisen.

Insulinzubereitungen

Zusammen mit der Einführung des Humaninsulins haben die großen Firmen ihre Produktpalette bereinigt. Als **problematisch** sind alle Rinderinsuline oder Mischinsuline, die Rinderinsulin enthalten, zu beurteilen, da sie die Antikörperbildung begünstigen.

Bedenken bestehen auch gegen synthetische Verzögerungsstoffe wie das Surfen, die ebenfalls Allergien hervorrufen können. Der Favorit unter den Verzögerungsstoffen ist immer noch das Protamin, ein industriell aus Fischen gewonnenes Eiweiß, das praktisch keine Nebenwirkungen hat.

Alt-/Normalinsuline

Es handelt sich um hochgereinigtes, **lösliches Insulin ohne Verzögerungsstoffe** in wäßriger Lösung. Dieser Lösung sind in möglichst niedriger Konzentration **Konservierungsstoffe** zugesetzt, die ein Bakterienwachstum in den Flaschen verhindern. Sie machen den charakteristischen Geruch einer Insulinlösung aus.

Nach einer subkutanen Injektion (unter die Haut) entfaltet das Altinsulin seine Hauptwirkung nach etwa 40 Minuten, so daß es zweckmäßigerweise 20–30 Minuten vor Beginn einer Mahlzeit gespritzt wird.

Rasch wirksame Insulinanaloga

Durch Veränderungen am Insulinmolekül wurden besonders schnell wirksame Insulinformen entwickelt (Humalog, Novorapid), die in zu-

Wirkungsprofile der beiden gebräuchlichsten Insulinarten

Alt- bzw. Normalinsulin
Spritz-Eß-Abstand: 15–30 Minuten
100% gelöstes Humaninsulin

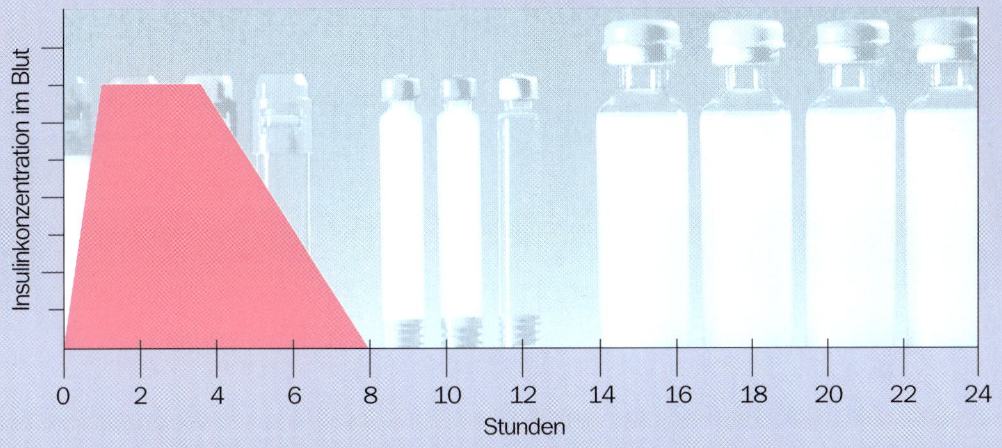

Verzögerungs- bzw. Basalinsulin
Spritz-Eß-Abstand: 45–60 Minuten
100% kristallines NPH-Humaninsulin

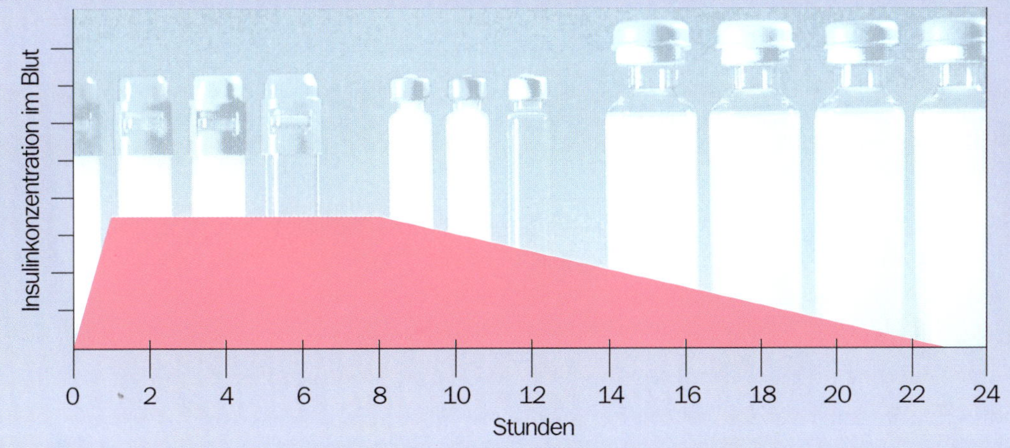

Die gezeigten Wirkungsprofile sind Beispiele für typische Vertreter von Alt- und Verzögerungsinsulinen. Je nach Hersteller und Produktname können sich leichte Abweichungen ergeben.

nehmendem Maße eingesetzt werden. Ihre Vorteile liegen darin, daß kein Spritz-Eßabstand mehr eingehalten werden muß und daß ihre Wirkung nach der Mahlzeit früher abklingt, wodurch sich die Hypoglykämiegefahr vermindert.

Verzögerungs- und Basalinsuline

In den 30er Jahren wurde zum ersten Mal Insulin mit Depoteigenschaften in die Behandlung eingeführt. Es handelte sich um das von Hagedorn in Dänemark entwickelte NPH-Insulin, das bis heute seinen festen Platz behauptet hat. Neben dem Altinsulin ist dies das zweite Standardpräparat in der Diabetesbehandlung. Sein Vorteil ist, daß es sich gut mit Altinsulin mischen läßt, nach einer Mischung beider Formen ergeben sich keine neuen Verzögerungseigenschaften. So kann durch individuelle Mischungen eine sehr differenzierte Injektionstherapie betrieben werden. Die maximale Wirkung des NPH-Insulins tritt nach etwa 7 Stunden ein und hält bis etwa 22 Stunden an. Es handelt sich um eine Suspension, feine Kristalle schwimmen in der Lösung und geben ihr so das milchig-trübe Aussehen. Vor dem Aufziehen muß die Flüssigkeit deshalb aufgeschüttelt werden, um eine gleichmäßige Verteilung der Kristalle zu gewährleisten.

Aus Altinsulin und Verzögerungsinsulin werden verschiedene Mischungen hergestellt, etwa im Verhältnis 25/75 oder 50/50. Weniger gebräuchlich sind Insuline, die durch Kristallbildung mit Zink ihre Verzögerungseigenschaften erhalten. Hier sind die Lente- und Semilente-Insuline zu nennen.

Ultratard und Monotard

Diese Insulinformen wurden in der Absicht entwickelt, ein möglichst lang wirkendes Insulin herzustellen. Man wollte erreichen, daß aus einem Insulindepot im Unterhautfettgewebe über längere Zeit nur eine geringe Menge in den Kreislauf abströmt. Diese Menge sollte in etwa der Basalrate des Pankreas im Nüchternzustand entsprechen. Zusätzlich soll dann zu jeder Mahlzeit Altinsulin gespritzt werden. Als Problem erwies sich dabei, daß die Insulinwirkung der beiden Präparate länger als 24 Stunden anhalten kann, so daß es Überlappungseffekte gibt. Es gelang also bisher nicht, mit diesen Insulinformen die Wirkung einer Dauerinfusion wie bei einer Insulinpumpe erfolgreich nachzuahmen.

Einflüsse auf die Wirkdauer

Die im Firmenprospekt angegebene Wirkdauer eines Insulins kann sehr stark variieren.

Man muß sich das Insulindepot im Unterhautfettgewebe als eine etwa kirschgroße Kugel vorstellen, aus der die Insulinmoleküle mit einer gewissen Geschwindigkeit in die feinen Blutgefäße gelangen. Die Geschwindigkeit, mit der das Insulin in den Blutkreislauf aufgenommen und verteilt wird, hängt ab von:

- **Individuellen Unterschieden** von Patient zu Patient
- **Schwankungen der Körper- und Umgebungstemperatur**
- **Bewegung,** bei Massagen oder bei Sport
- **Injektionsort,** vor allem Bauch oder Oberschenkel

Durch jahrelanges Insulinspritzen kann sich das Fettgewebe verändern. An **oft benutzten Injektionsstellen** können sich kleine Fettpölsterchen bilden, die als Injektionsorte beliebt sind, da sie weniger schmerzempfindlich sind. Die Insulinaufnahme wird durch diese Fettpolster aber verändert, so daß Einstellungsschwierigkeiten auftauchen können.

Auch **kleine Blutungen an der Einstichstelle** können die Insulinwirkung beeinflussen, da das Blut Fermente enthält, die das Insulin zersetzen und damit wirkungslos machen.

Aus diesen Gründen läßt sich ein Dosisschema nicht exakt vorkalkulieren, jede individuelle Insulineinstellung ist zunächst ein Behandlungsversuch.

Umgang mit Insulin

Für die Praxis wichtig ist die Frage, wie man **Insulin aufbewahren** soll. **Temperatur:** Durch chemische Reaktionen wird Insulin in Lösung langsam abgebaut und weniger wirksam. Dies ist jedoch für die Zeit, in der ein Fläschchen normalerweise verbraucht wird, zu vernachlässigen. Insulin kann durchaus einige Wochen lang bei Zimmertemperatur aufgehoben werden. Schützen muß man es dagegen vor höheren Temperaturen, wie zum Beispiel in einem in der Sonne abgestellten Auto. Es sollte aber auch nicht eingefroren werden. Will man sich einen Vorrat anlegen, so lagert man es am besten bei circa 4 °C im Kühlschrank.

Auch starkes **Schütteln** über längere Zeit schadet der Insulinlösung, dies betrifft aber nicht das Aufschütteln vor der Injektion.

Spritzen und Injektionshilfen

Für die Injektion gibt es Plastikspritzen und Spritzhilfen (Stifte, Pens).

Die sogenannten **Einmalspritzen** können bis zu einer Woche lang verwendet werden. Wird die Nadel stumpf oder ein Teil der Spritze verschmutzt, muß man sie allerdings sofort entsorgen.

Obwohl diese Spritzen für den einmaligen Gebrauch konzipiert wurden, hat sich der Mehrfachgebrauch durchgesetzt. Als Argumente hierfür sind einmal die geringeren Kosten und zum anderen die Vermeidung von Plastikmüll zu nennen. Insulinspritzen sind heute mit einer schützenden Plastikkappe für den Mehrfachgebrauch ausgestattet.

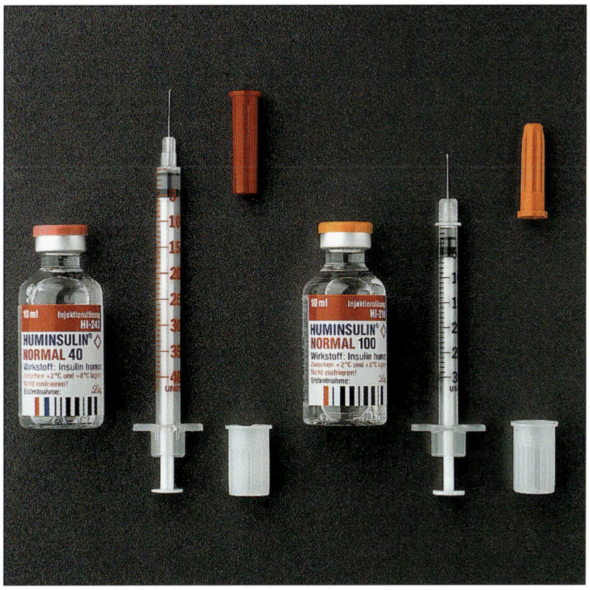

Insulinzubereitungen gibt es in zwei verschiedenen Konzentrationen: 40 und 100 Einheiten/ml. Achten Sie immer darauf, eine Spritze mit der passenden Skalierung zu verwenden, damit es nicht zu Fehldosierungen kommt

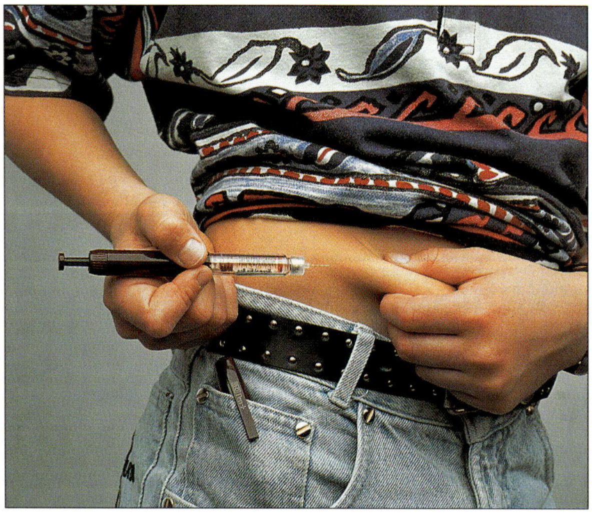

Pens erleichtern die Insulingabe und können unauffällig in jeder Tasche mitgeführt werden

Zur Vereinfachung der verschiedenen Handgriffe bei der Injektion wurden die **Pens,** also stiftähnliche Injektionsgeräte, die das Aufziehen der Lösung ersparen, entwickelt. In die Pens werden entweder Insulinfläschchen eingespannt, oder sie enthalten von vornherein ein Reservoir, nach dessen Entleerung der Stift weggeworfen wird. Die Pens haben sich gut bewährt und sind vor allem für Patienten geeignet, die auf Grund von Empfindungsstörungen oder Sehbehinderungen Schwierigkeiten mit dem Aufziehen der Insulinlösung haben, sie können sogar von blinden Patienten gut gehandhabt werden.

Injektionstechnik

Da jeder insulinpflichtige Patient mit Diabetes im Spritzen geschult wird, sollen hier nur zur Erinnerung die wichtigsten Schritte einer Injektion mit der Spritze beschrieben werden.

1. Diabetestagebuch, Zellstoff, Desinfektionslösung, Insulin und eine saubere Spritze bereitlegen.

2. Trübe Insulinlösungen zwischen den Handflächen hin und her rollen, um die Kristalle gleichmäßig zu verteilen und die Lösung anzuwärmen.

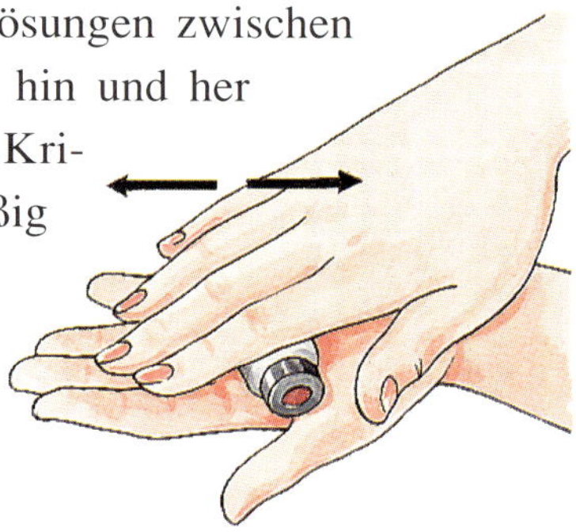

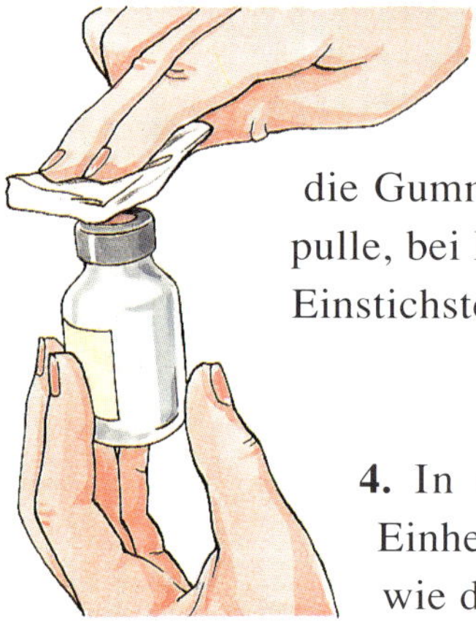

3. Zellstoff mit Desinfektionslösung anfeuchten, die Gummimembran der Ampulle, bei Bedarf auch kurz die Einstichstelle, desinfizieren.

4. In die Spritze so viele Einheiten Luft aufziehen, wie der Ampulle entnommen werden sollen.

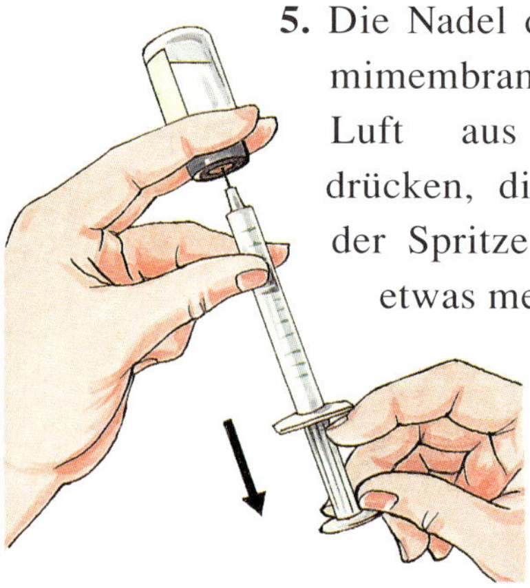

5. Die Nadel durch die Gummimembran schieben, die Luft aus der Spritze drücken, die Ampulle mit der Spritze umdrehen und etwas mehr als die erforderliche Menge Insulin aufziehen.

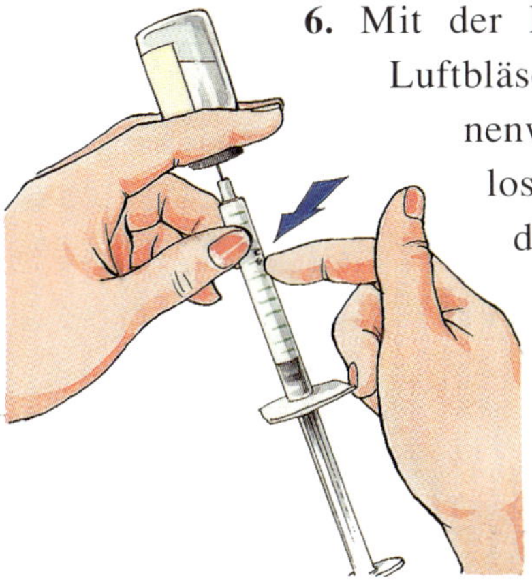

6. Mit der Fingernagelspitze Luftbläschen von der Innenwand der Spritze losklopfen und mit dem Insulinüberschuß in die Ampulle zurückdrücken.

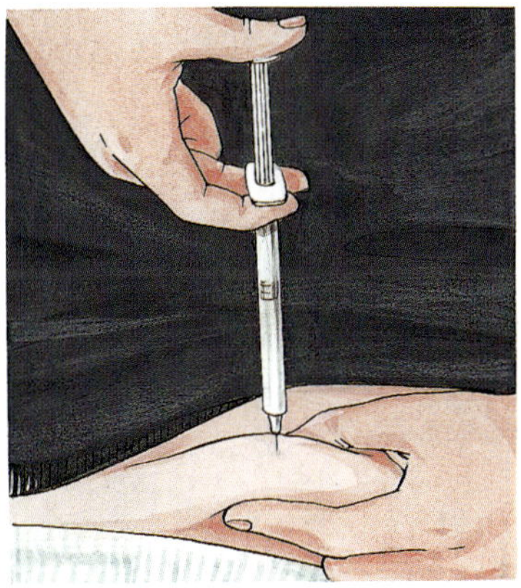

7. Mit Daumen und Zeigefinger einer Hand eine Hautfalte anheben, die kurze Nadel mit der anderen Hand senkrecht – nur bei sehr dünner Fettschicht in einem Winkel von 45° – in das Unterhautfettgewebe einstechen, das Insulin langsam, mit sanftem Druck injizieren.

8. Beim Herausziehen der Nadel darauf achten, daß kein Insulin aus der Einstichstelle nachfließt, und die Schutzkappe sofort auf die Nadel stecken.

9. Insulindosis, Zeitpunkt und Ort der Injektion im Diabetestagebuch eintragen.

Geeignete **Injektionsorte** sind der Bauch, die äußere obere Partie des Gesäßes und die Außenseiten beider Oberschenkel. Grundsätzlich sollen alle Spritzen während des Tages im Bauchbereich verabreicht werden, während man die Spätspritze in den Oberschenkel oder in die obere Gesäßpartie injiziert.

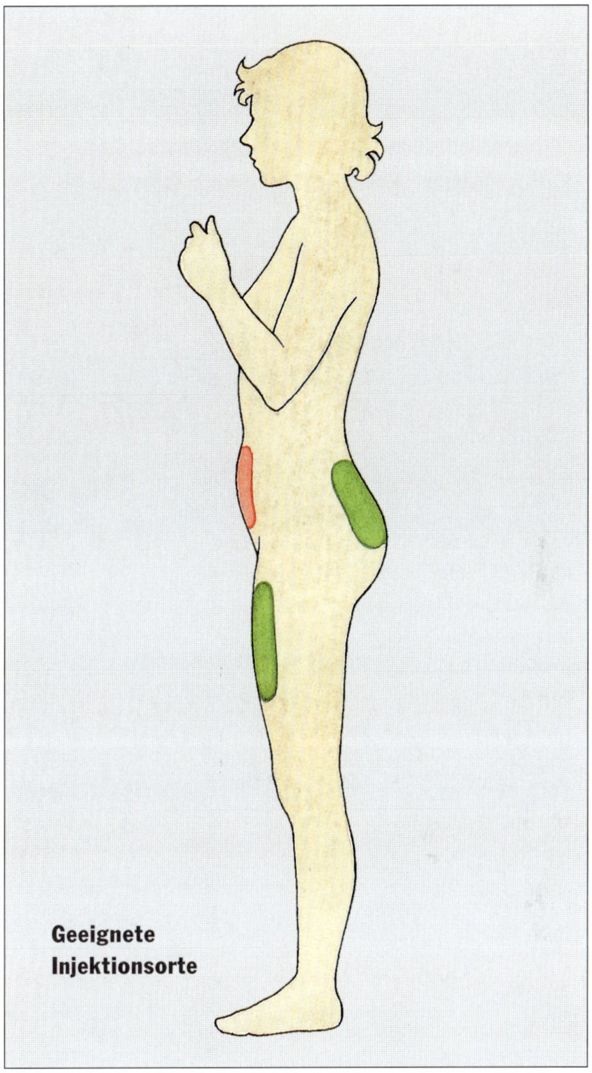

Geeignete Injektionsorte

Die Oberarme sind ungeeignet und sollen nur in Notfällen verwendet werden.

Wichtig ist, niemals zweimal hintereinander in dieselbe Stelle zu spritzen, die Injektionsorte also am besten nach einem festen Schema durchzuwechseln.

i n f o

Die wichtigsten Punkte, die es bei der Injektion von Insulin zu beachten gilt

- Tagsüber keine Injektionen in Arm oder Bein
- Spritz-Eß-Abstand beachten
- Richtige Insulinart verwenden
- Luftblasen in Spritze oder Pen entfernen
- Injektion in den Muskel vermeiden
- Injektion in verändertes Fettgewebe vermeiden
- Insulin darf nicht aus der Einstichstelle nachfließen
- Die Injektionsstelle nach jeder Injektion wechseln

Mit einer Insulinpumpe kann man flexibel auf kurzfristige Änderungen des Insulinbedarfs reagieren

Insulinpumpen

Insulinpumpen wurden mit der Absicht entwickelt, den natürlichen Sekretionsvorgang der Bauchspeicheldrüse möglichst genau nachzuahmen. Das ursprüngliche Ziel war ein implantierbares „künstliches Pankreas", das durch einen Glukosesensor gesteuert das Insulin direkt in den Kreislauf abgibt. Die Entwicklung eines solchen Systems hat sich als schwieriger herausgestellt, als man zunächst annehmen konnte. Bis heute wurde noch kein einsatzfähiger Sensor entwickelt, so daß man zunächst von einer automatischen Regelung durch direkte Rückkoppelung absah und eine durch Arzt oder Patient vorgenommene Steuerung der Dosis bevorzugte. Implantierbare Dosiersysteme werden derzeit ständig weiterentwickelt; sie haben sich bei den ersten klinischen Erprobungen bereits bewährt. Allerdings sind die implantierbaren Pumpen noch nicht so ausgereift, daß man sie jedem Typ-I-Diabetiker empfehlen könnte.

Im Hinblick auf die Schwierigkeiten implantierbarer Systeme wurden zunächst extern tragbare Insulinpumpen entwickelt, die das Hormon ständig über eine kleine Nadel im Unterhautfettgewebe zuführen. Obwohl das Insulin hier langsamer in den Kreislauf übergeht, hat sich dieser Weg als brauchbar erwiesen, und es hat sich gezeigt, daß bei instabilem Stoffwechsel diese Form der Insulingabe den Spritzen überlegen ist.

Eine genaue Beschreibung der verschiedenen Pumpenmodelle und ihres Gebrauchs würde den Rahmen dieses Buchs sprengen. Wichtig ist aber die Frage, für wen Insulinpumpen empfehlenswert sind.

Für wen sind Insulinpumpen zu empfehlen?
Bei Instabilität des Stoffwechsels trotz 4-Spritzen-Schema
Menschen in Berufen mit Schichtarbeit oder Nachtdienst
Während der Schwangerschaft
Leistungssportler
Menschen, die viele Interkontinentalflüge machen müssen (häufige Zeitverschiebung)
Menschen, die nicht regelmäßige Essenszeiten einhalten können

i n f o

Vorsichtsmaßnahme für Insulinpumpenträger

Insulinpumpenträger müssen bei einem Ausfall oder Defekt der Pumpe in der Lage sein, kurzfristig Insulin mit Spritzen zu injizieren. Sie müssen also

- die Injektionstechnik beherrschen
- immer ein Spritzbesteck und eine Ampulle Altinsulin mit sich führen

Eine Entscheidung über den Einsatz von Insulinpumpen sollte man erfahrenen Diabetologen überlassen.

Vor der Entscheidung für eine Insulinpumpe ist aber in jedem Fall erst auszuprobieren, ob man nicht auch mit einer intensivierten Injektionstherapie auskommen kann.

Grundsätzlich geht es um die Vermeidung allzu starker Schwankungen der Blutglukose, wobei der Vorteil der Pumpe in der gleichmäßigen Dosierung des Grundbedarfs im Sinne der Basalrate liegt.

Ein häufiger Grund für starke Blutzuckerschwankungen sind seelische Einflüsse. Patienten, die auf Grund psychischer Probleme nicht in der Lage sind, eine entsprechende Diabetesdiät und ein angepaßtes Spritzenschema durchzuziehen, sind auch für Insulinpumpen ungeeignet.

Mit den Insulinpumpen lassen sich auch die Auswirkungen ausgeprägter Eßstörungen (siehe Seite 80) nicht kompensieren.

In diesen Fällen muß man vor allem versuchen, die Ursachen der psychischen Probleme aufzudecken und zu beseitigen.

Unterzucker – unerwünschter Nebeneffekt der Behandlung

Verschiedene Krankheiten, zum Beispiel insulinproduzierende Tumoren, können zu Unterzucker (Hypoglykämie) führen. Auch bei der Entwicklung eines Typ-II-Diabetes kann es im Frühstadium gelegentlich zu Unterzuckererscheinungen kommen.

In der Hauptsache sind Unterzuckerreaktionen aber eine Folge von Fehlern bei der Behandlung mit Insulin oder mit blutzuckersenkenden Tabletten. Beim Versuch, eine normnahe Stoffwechseleinstellung zu erreichen und zu erhalten, muß ein leichter Unterzucker gelegentlich in Kauf genommen werden. Im Vergleich zur Bedrohung durch die Spätkomplikationen des Überzuckers liegt hier aber das kleinere Übel. Manche Patienten entwickeln geradezu eine panische Angst vor der Unterzuckerung, entweder weil sie die Symptome als besonders unangenehm empfunden haben oder weil sie darin einen lebensbedrohlichen Zustand sehen, was aber nur für sehr lang anhaltende und sehr tiefe Hypoglykämien zutrifft. Es ist deshalb besonders wichtig, die Ursachen und Symptome der Hypoglykämie zu kennen.

Ursachen und Mechanismen

Eine Hypoglykämie wird durch eine zu starke Insulinwirkung ausgelöst. An der Leber führt dies zur Hemmung der Glukoseabgabe, an der Muskulatur zu einer überschießenden Zuckeraufnahme.

Das menschliche Gehirn ist auf die ständige Zufuhr von Glukose angewiesen. Würde die Zufuhr auf Null zurückgehen, so wäre dies nicht mit dem Leben der Hirnzellen vereinbar. Das Gehirn spürt aber bereits ein Absinken des Blutzuckers unter die Untergrenze der Norm (circa 50 mg/dl). Der menschliche Organismus ist so angelegt, daß er das Gehirn auch bei längerem Hunger mit Glukose weiterversorgt; dazu mobilisiert er eigene Reserven wie die Kohlenhydratspeicher und das Eiweiß der Organe, woraus jeweils Glukose gebildet werden kann. Gefährlich wird also zunächst nur ein akuter Abfall des Blutzuckerspiegels, zum Beispiel durch eine starke Überdosierung bei der Insulininjektion.

Gegen so einen rapiden Abfall hat die Natur eine Reihe von hormonellen Steuermechanismen entwickelt, die durch das Mobilisieren der eigenen Reserven zu einem Wiederanstieg des Blutzuckers führen. Durch das Signal des fallenden Blutzuckers werden also gegensteuernde Hormone ausgeschüttet, die einmal der Insulinwirkung an den Zellen entgegenwirken sowie gleichzeitig die Warnsymptome des Unterzuckerzustandes hervorrufen.

Die Symptome der Hypoglykämie

Je nach der Tiefe der Hypoglykämie sind die Symptome verschieden.

Ein leichter Abfall kann Hungergefühl, Reizbarkeit oder Nervosität hervorrufen. Bei leichteren Hypoglykämien schafft es der Organismus selbst, den Blutzucker wieder anzuheben. Geschieht dies im Schlaf, so bemerkt man beim Erwachen die Zeichen eines Schweißausbruchs oder Kopfschmerzen. Viele Patienten wachen aber bei einer Hypoglykämie aus dem Schlaf auf.

Tiefere Blutzuckerspiegel führen zu Schwitzen, Zittern, Benommenheit und Kopfschmerzen.

Bei **sehr tiefen und lang andauernden Unterzuckerzuständen** beobachtet man schließlich neurologische Ausfälle wie den Verlust der willensmäßigen Kontrolle und Dämmerzustände bis hin zur tiefen Bewußtlosigkeit. Es gibt auch Fälle, bei denen ungezügelte Wutausbrüche oder andere unkontrollierte Handlungen vorkommen: Ein Patient zertrümmerte seine geliebte Porzellansammlung, ein anderer irrte wie in Trance durch die Straßen.

Die Symptome werden nicht mehr wahrgenommen

Manche Patienten verlieren nach einigen Jahren die Fähigkeit, Unterzuckerreaktionen zu spüren. Dies liegt daran, daß sich allmählich eine autonome Neuropathie, also eine Störung des autonomen Nervensystems entwickelt hat (siehe Seite 68).

Dadurch fallen Nervenleitungen aus, die die Signale der Unterzuckerung vom Gehirn aus weiterleiten. Es fehlen die durch Adrenalin vermittelten Symptome wie Schwitzen und Zittern, während andere Symptome wie etwa Benommenheit noch erhalten sein können. Unter diesen Umständen kann ein Patient oftmals nicht rechtzeitig mit Gegenmaßnahmen reagieren.

Durch das Gebot einer möglichst normnahen Einstellung wird das Risiko einer Unterzuckerung erhöht, auf der anderen Seite kann eine normnahe Einstellung zu einer Besserung der Störung des autonomen Nervensystems führen. Ich habe nicht selten beobachtet, daß nach einer Periode guter Einstellung auch Patienten mit langjährigem Diabetes ihre Hypoglykämiesymptome wieder fühlten.

Soforthilfemaßnahmen

Was können Sie bei einer drohenden Hypoglykämie tun? Dazu sollte man folgendes bedenken: Maßnahmen mit einer zu geringen Wirkung können dazu führen, daß die Unterzuckerung bestehenbleibt; zu massive Mittel können zu einer Gegenregulation mit längerwährendem hohen Blutzucker führen. Viele Patienten entwickeln ein gutes Gespür für den Grad der Unterzuckerung. Nach Möglichkeit sollte als erstes der Blutzucker bestimmt werden um sicherzustellen, daß es sich überhaupt um eine Unterzuckerung handelt.

Bei leichten Unterzuckerungen genügt ein Glas (0,2 Liter) zuckerhaltiger Orangen- oder Apfelsaft, bei schwereren Formen hat sich Traubenzucker bewährt, der in jedem Supermarkt erhältlich ist.

Jeder insulinspritzende Diabetiker sollte stets für den Notfall ein paar Traubenzuckertäfelchen mit sich führen.

Was ist zu tun, wenn man auf Grund der schweren Symptome zu einer koordinierten Handlung nicht mehr in der Lage ist, oder wenn bereits Bewußtlosigkeit besteht? Es versteht sich von selbst, daß man einem Bewußtlosen niemals Flüssigkeit einflößen darf, da diese über die Luftröhre in die Lunge gelangen könnte. Das richtige Mittel ist **Glukagon,** das

Glukagon-Injektionsset für rasche Hilfe bei starker Unterzuckerung

stärkste gegen das Insulin gerichtete Hormon. Die Injektion einer Ampulle Glukagon mobilisiert die Glykogenspeicher in der Leber und führt so zu einem Ansteigen des Blutzuckers.

Glukagon kann auch von Laien injiziert werden; es ist aber als Lösung nicht haltbar und muß deshalb vor der Injektion aufgelöst werden. Dafür gibt es bestimmte Sets, in denen Trockensubstanz, Lösungsmittel, Spritzen und eine meist bebilderte Gebrauchsanleitung zusammengestellt sind.

Passanten, die einen Bewußtlosen finden, müssen möglichst schnell in der Lage sein, die Bewußtlosigkeit als hypoglykämisches Koma zu erkennen. Diabetiker sollten deshalb in ihrem eigenen Interesse immer das Diabetikertagebuch, ein Glukagonset und im Portemonnaie eine Karte mit einem entsprechenden Hinweis mit sich führen.

Findet man einen bewußtlosen Diabetiker, so sollte man die Atemwege frei machen, ihn auf die Seite legen und Glukagon in den Oberschenkel spritzen. Normalerweise wacht der Patient nach kurzer Zeit wieder auf und muß dann Traubenzucker und eine kohlenhydrathaltige Mahlzeit einnehmen. Falls der Patient innerhalb von 5 Minuten nach der Injektion nicht aufwacht, muß man den Notarzt rufen.

Autofahren und Unterzucker

Bei Diabetikern, die Blutzucker-Selbstkontrollen durchführen, ist eine Testung vor Beginn der Fahrt zu empfehlen. **Nach einem Unfall ist die dokumentierte Kontrolle ein wichtiges Beweismittel für die Feststellung der Fahrtauglichkeit!**

Das Autofahrerset für Menschen mit Diabetes

Ein Diabetiker sollte im Auto stets folgende Utensilien griffbereit mitführen:

- Traubenzuckertäfelchen oder zuckerhaltigen Saft
- Ein Paket trockene Butterkekse
- Blutzucker-Teststreifen
- Diabetikerausweis (am besten deutlich sichtbar plazieren)
- Auf längeren Fahrten immer auch eine Zwischenmahlzeit

Sollten während der Fahrt Unterzuckersymptome auftreten, so muß sofort angehalten und der Blutzuckerspiegel ausgeglichen werden.

Setzen Sie die Fahrt erst nach einer Pause fort, wenn Sie sicher sind, daß der Blutzuckerspiegel wieder im Normbereich ist.

BEHANDLUNG UND LEBENSFÜHRUNG BEI TYP-I-DIABETES

Da Menschen mit Typ-I-Diabetes in der Regel jung und aktiv sind, liegt der Schwerpunkt der Behandlung auf einer möglichst normnahen Einstellung des Stoffwechsels mit Insulin. Haben diese Diabetiker in einer gründlichen Schulung gelernt, den Blutzuckerspiegel in allen Lebenssituationen im stabilen Bereich zu halten, sind sie im Grunde keinen Einschränkungen unterworfen.

Ernährung

Die Diabetologen sind heute bestrebt, die individuellen Ernährungsgewohnheiten möglichst zu berücksichtigen und die Insulindosierung auf die Mahlzeiten auszurichten. Bei Typ-I-Diabetes fehlt die Möglichkeit, Insulin rechtzeitig und in ausreichender Menge auszuschütten und so den jeweiligen Insulinbedarf auszugleichen. Wenn wir in der Lage wären, dies mit Hilfe eines künstlichen Pankreas wie beim Gesunden zu bewerkstelligen, bestünde überhaupt keine Notwendigkeit für eine Diät. Das heißt also, solange es nicht möglich ist, die natürlichen Verhältnisse nachzuahmen, muß die Diät als ein Teil der Behandlung gelten. Es hat sich allerdings gezeigt, daß bei der intensivierten Insulintherapie, insbesondere bei Pumpenträgern, eine Lockerung der strengen Kriterien möglich ist. Wenn der Patient gelernt hat, seine Insulindosierung flexibel dem Bedarf anzupassen, dann kann er sich auch gewisse Freiheiten in der Ernährung erlauben. Man muß natürlich bedenken, daß die landläufige Ernährung keinesfalls optimal ist. Der Konsum von Zucker, Fett und Alkohol ist vielfach auch für die Stoffwechselgesunden zu hoch, so daß sich die Empfehlungen für eine Diabetesdiät durchaus mit den Forderungen für eine gesunde Kost decken.

Die wichtigste Funktion einer Diabetesdiät ist die Verhinderung eines zu hohen Blutglukoseanstiegs nach einer Mahlzeit. Man kommt diesem Ziel schon sehr nahe, wenn man im wesentlichen nur die löslichen Zucker bei der Ernährung wegläßt. Wenn man bedenkt, in welcher Vielzahl von Speisen Zucker enthalten ist, so ist dies gar nicht so leicht zu befolgen.

Die Erhaltung des Körpergewichts

Grundsätzlich steuert der Gesunde seinen Nahrungsbedarf durch Appetit und Sättigung. Dieses Gleichgewicht ist wahrscheinlich schon durch das Überangebot schmackhafter Speisen in unserer Überflußgesellschaft gestört. Auch durch die Reglementierung, die eine Diabetesdiät beinhaltet, wird diese unwillkürliche Steuerung beeinflußt; man muß nun viel mehr überlegen, ob die Zusammensetzung stimmt und ob der Gesamtbedarf nicht überschritten wird. Psychologen, die sich mit Ernährungsproblemen befaßt haben, haben festgestellt, daß bereits die Einhaltung einer Diät, also die willkürliche Kontrolle der Ernährung, zu Eßstörungen führen kann. Man kann sich leicht vorstellen, daß Verbote die Begehrlichkeit wecken und das Verlangen nach bestimmten Speisen besonders steigern.

Ein wichtiges Kriterium bei der Behandlung des Typ-I-Diabetes ist die Erhaltung des Körpergewichts bzw. das Erreichen des Idealgewichts. Der Sinn dieser Maßnahme liegt darin, daß der Insulinbedarf in Abhängigkeit vom Körpergewicht steht. Nimmt man zu, kann beim Ansteigen des Körpergewichts der Stoffwechsel allmählich entgleisen.

Eßstörungen

Eßstörungen treten in zunehmendem Maße vor allem bei jungen Leuten (etwa bis zum 35. Lebensjahr) auf. Galten sie früher als typisches Frauenleiden, sind seit einigen Jahren auch immer mehr Männer betroffen.

Während sich die klassische **Magersucht** (Anorexie) vom behandelnden Diabetologen oder praktischen Arzt relativ leicht erkennen läßt, bleibt die **Eß-Brech-Sucht** (Bulimie) meist lange Zeit unentdeckt, da die Patienten nach den Freßanfällen durch provoziertes Erbrechen und/oder übermäßigen Gebrauch von Abführmitteln ihr Gewicht stabil halten.

Es ist klar, daß sich eine solche Eßstörung massiv auf die Stoffwechseleinstellung auswirkt. Die meist unregelmäßig erfolgenden Freßanfälle verursachen starke Schwankungen des Blutzuckerspiegels. Es ist nahezu unmöglich, die gewaltige, rasch verschlungene Speisemenge durch eine entsprechende Gabe von Insulin auszugleichen.

Eßstörungen und die dahinter stehenden seelischen Störungen gehören zu den wichtigsten Ursachen für eine Instabilität des diabetischen Stoffwechsels! Sie bedürfen der psychologischen Behandlung, wobei eine enge Zusammenarbeit zwischen dem Psychotherapeuten und dem behandelnden Arzt notwendig ist.

Die Behandlung mit Insulin

Bereits beim ersten Auftreten des Typ-I-Diabetes ist die Kapazität des Pankreas, Insulin zu produzieren, auf ein Minimum zurückgegangen. Die Inseln können sich zwar vorübergehend erholen, aber auf Dauer läßt sich eine Insulinbehandlung nicht umgehen. Ziel der Behandlung ist also ein möglichst vollständiger Ersatz der ausgefallenen Eigenproduktion durch Insulin. Da die Insulinausschüttung beim Gesunden einem bestimmten Muster folgt, das sich als typisches Tagesprofil über 24 Stunden darstellen läßt, versucht man mit Hilfe der Injektionen, ein solches Profil nachzuahmen.

Das natürliche Profil setzt sich aus zwei Komponenten zusammen:

1. dem Grundbedarf, das ist die Insulinmenge, die auch beim Fasten kontinuierlich rund um die Uhr produziert wird **(die Basalrate)**
2. den Insulinmengen, die zu einer Verarbeitung einer Mahlzeit benötigt werden **(mahlzeitenbezogene Dosis oder „Bolus“).**

Die Basalrate und die wechselnde Insulinempfindlichkeit des Organismus

Der menschliche Organismus weist während des Tages eine unterschiedliche Empfindlichkeit gegenüber Insulin auf, an die er sich jeweils mit seiner Insulinsekretion anpaßt. Damit ändert sich der **Insulinbedarf** unabhängig von den Mahlzeiten über den ganzen Tag in einem bestimmten Rhythmus.

Der Insulinbedarf weist zwei Gipfelpunkte auf: einen höheren am Morgen, etwa zwischen 5.00 und 8.00 Uhr, und einen zweiten, geringer ausgeprägten am späten Nachmittag, etwa zwischen 17.00 und 20.00 Uhr. Der niedrigste Bedarf liegt dagegen in den Nachtstunden, etwa zwischen 23.00 und 3.00 Uhr.

Zu diesen Zeiten ist auch der Bedarf an Insulin zur Verarbeitung einer Mahlzeit unter-

Basalrate des Insulinbedarfs

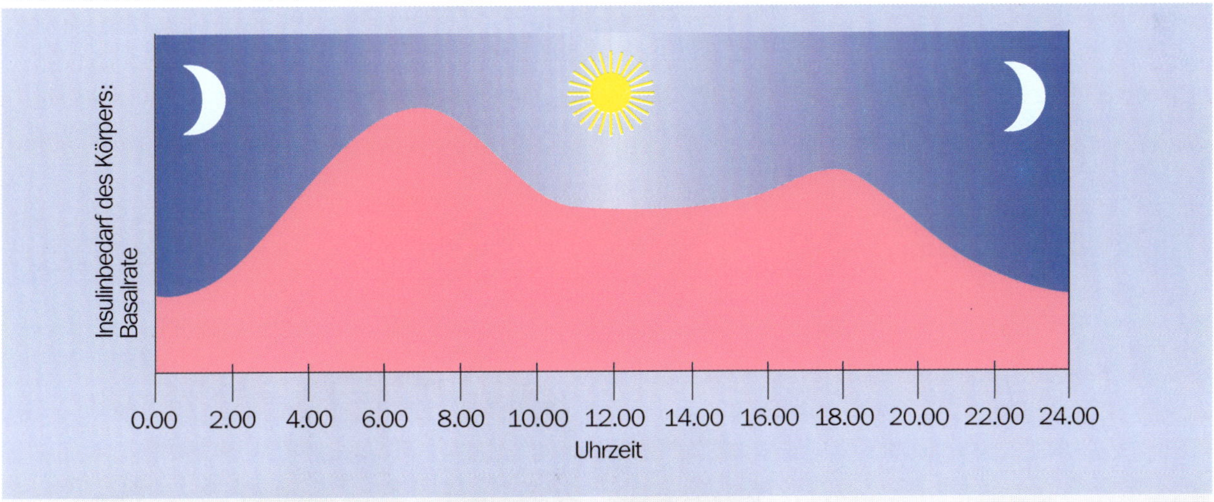

Wegen einer tagesperiodisch schwankenden Insulinempfindlichkeit des Körpers verändert sich der Insulinbedarf auch im Nüchternzustand, also ohne die Einnahme von Mahlzeiten.

schiedlich. So wird in der Regel für die Verarbeitung einer Broteinheit zum Frühstück mehr Insulin benötigt als für eine Broteinheit zum Mittagessen.

Wäre man nun in der Lage, die natürliche Insulinsekretion perfekt zu imitieren, so wäre auch beim Diabetiker eine Diät weitgehend überflüssig. Anders gesehen wird die Diät letztlich deshalb notwendig, weil wir nicht in der Lage sind, mit den jetzigen Techniken die Natur vollkommen nachzuahmen.

Dosispläne zur Insulinbehandlung

Das Prinzip der normnahen Stoffwechseleinstellung und der möglichst natürlichen Insulinsubstitution ist wichtiger als der verständliche Wunsch nach möglichst wenigen Insulininjektionen. Nur dort, wo noch genügend Eigenproduktion vorhanden ist, kommt man mit einer oder zwei Insulininjektionen aus. Die **Standardbehandlung** für den Typ I sind heute vier Injektionen pro Tag.

Besonders wichtig für die Stoffwechseleinstellung ist die **optimale Kontrolle während der Nacht.** Hierbei muß man vor allem die vermehrte Empfindlichkeit während der Nachtstunden und den langsam ansteigenden Bedarf während der frühen Morgenstunden beachten. So kann zum Beispiel bei einem 2-Spritzen-Schema das um 18.00 Uhr in einer Mischung gegebene Langzeitinsulin in der Zeit zwischen 23.00 und 3.00 Uhr eine Hypoglykämie hervorrufen. Diese kann durch die Gegenregulation des Körpers den Anstieg am Morgen noch verstärken. Andererseits, und das ist häufiger, reicht die Dosis am Abend nicht bis in den Morgen, so daß der Blutzucker ebenfalls ansteigt. Dieser Problematik wird heute durch eine spät gegebene Injektion mit Verzögerungsinsulin begegnet, das seine Wirkung langsam entfaltet und den Morgenbedarf weitgehend abdeckt. Zu Anfang einer Neueinstellung ist deshalb die Messung der Blutglukose in der Nacht (am besten gegen 2.00 Uhr früh) besonders wichtig.

Der Spritz-Eß-Abstand

Selbst das am schnellsten wirkende Altinsulin braucht einige Zeit, um seine Hauptwirkung zu entfalten. Bei einer Mahlzeit muß aber der Anstieg des Blutzuckers mit dem Anstieg von Insulin im Blut möglichst zur Deckung gebracht werden. Dazu muß die Injektion vor die Mahlzeit gelegt werden (Spritz-Eß-Abstand), wobei die richtige Zeit für Altinsulin bei 20–30, für Mischinsuline bei 30–45

In guten Restaurants wird der Ober Ihnen sagen können, wie lange es etwa dauert, bis das Essen aufgetragen wird

Übliche Dosierpläne

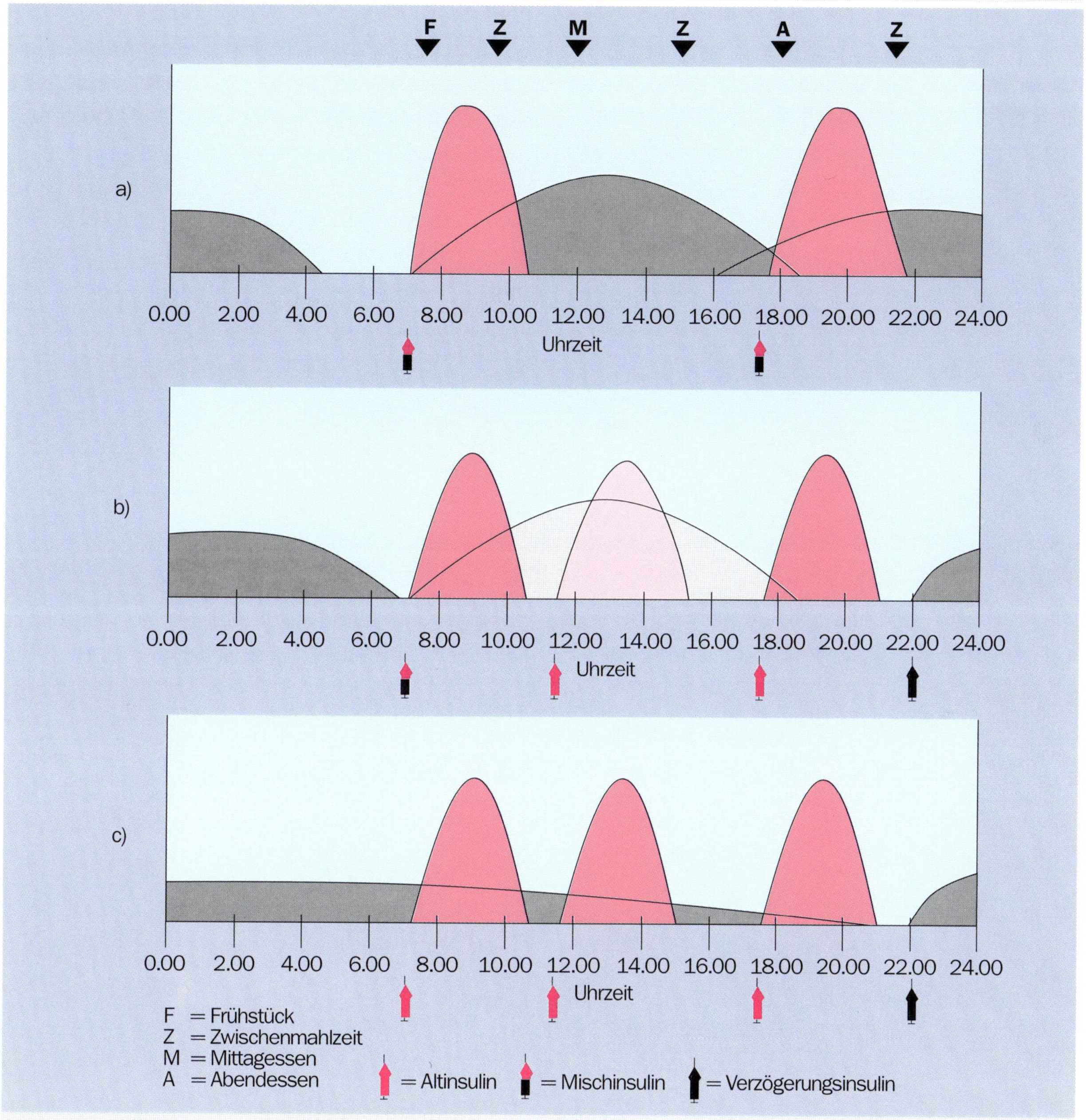

a) Zwei Injektionen eines Mischinsulins, zum Beispiel aus 30% Alt- und 70% Verzögerungsinsulin.
b) Mischinsulin vor dem Frühstück, Altinsulin vor dem Abendessen und Verzögerungsinsulin zur Nacht. Bei Typ-I-Diabetes zusätzlich eine Injektion von Alt- oder Mischinsulin vor dem Mittagessen.
c) Basis-Bolus-Konzept.
In Anlehnung an die Insulinpumpe Altinsulin vor den Hauptmahlzeiten, sehr lang wirkendes Ultratardinsulin zur Nacht.

Minuten liegt. Dies ist schwierig und erfordert einige Erfahrung, wenn man zum Beispiel bedenkt, wie wenig man in einem Restaurant die Zeit zwischen Bestellung und dem Servieren der Mahlzeit beeinflussen kann. Bitten Sie die Bedienung in so einem Fall, Sie rechtzeitig zu informieren, denn die Einhaltung des Spritz-Eß-Abstandes ist eine Voraussetzung für die richtige Insulintherapie.

Die Anpassung der Insulindosis

Heute ist für alle Patienten mit Typ-I-Diabetes und für den größten Teil der insulinspritzenden Typ-II-Diabetiker die Blutglukose-Selbstkontrolle dringend zu empfehlen. Für Patienten mit Stoffwechselschwankungen stellt sie die einzige Möglichkeit der Stoffwechselkorrektur dar. Anlässe für Korrekturen sind körperliche Anstrengungen, Diätfehler und leichtere Erkrankungen. Die richtige Anpassung sollte bei der Ersteinstellung herausgefunden und geübt werden. Allgemein gelten folgende Regeln:

Wenn die Tagesdosis zwischen 30 und 50 Einheiten Insulin liegt, kann zur Korrektur die **30er-Regel** herangezogen werden. Sie besagt, daß für jeweils 30 Blutzuckerpunkte (mg/dl) über oder unter der Zielvorstellung jeweils eine Einheit Insulin zugegeben oder abgezogen werden kann.

Derartige Faustregeln können nützlich sein, sie müssen aber in jedem Einzelfall auf ihre Richtigkeit geprüft werden.

Änderungen im Insulinbedarf nach der klinischen Einstellung

Wenn zu Beginn der Behandlung durch die Insulineinstellung ein möglichst normnaher Blutzuckerverlauf erreicht wird, ändert sich die Insulinresistenz, das heißt die Empfindlichkeit der Gewebe für Insulin steigt an. Praktisch gesehen kann es also nach einem zweiwöchigen Klinikaufenthalt in der dritten Woche zu einer Verminderung des Insulinbedarfs kommen. Dies kann noch verstärkt werden, wenn nach der Klinikentlassung durch die Tätigkeit in Beruf, Haushalt oder Sport mehr Muskelarbeit geleistet wird. Entsprechend muß dann noch einmal die Insulindosis reduziert werden.

Anpassung der Insulindosisierung

Abweichung vom Soll	Korrektur
Morgendlicher Nüchternwert zu hoch, trotz normalem Nachtwert	Erhöhung der Abenddosis (Verzögerungsinsulin) oder späterer Injektionszeitpunkt
Morgendlicher Nüchternwert zu hoch bei zu tiefem Nachtwert (nächtliche Hypoglykämie)	Reduzierung des am Abend injizierten Verzögerungsinsulins
Wert vor dem Mittagessen zu hoch	Morgens mehr Altinsulin
Wert vor dem Abendessen zu hoch	Mittags mehr Altinsulin. Wenn keine Mittagsinjektion; morgens mehr Verzögerungsinsulin
Wert vor der Spritze zu hoch	Abends mehr Altinsulin

Es gibt auch die umgekehrte Situation, wenn nach der streng kontrollierten Diabetesdiät in der Klinik die Diät im Alltag nicht mehr strikt eingehalten werden kann, so daß die Insulindosis nicht ausreicht. Dieser Fall trifft eher für übergewichtige Patienten zu.

Beide Beispiele zeigen, daß es eine Feineinstellung wie bei der Wahl eines Radiosenders nicht geben kann. Der Klinikaufenthalt dient in erster Linie dem Entwickeln des richtigen Therapieprinzips und der Schulung der Patienten, die damit einen Teil der Verantwortung für ihre Stoffwechselführung übernehmen. Eine Garantie, daß der Stoffwechsel der Patienten danach nicht mehr entgleist, kann vom Kliniker nicht gegeben werden. Für den Krankheitsverlauf zählt aber die Einstellungsqualität über längere Zeiträume. Diese kann nur durch die Zusammenarbeit von Patient und betreuendem Arzt ermöglicht werden.

Streß und Stoffwechsel

Krankheiten wie Erkältung, Grippe und Magen-Darm-Infekte belasten den Organismus; eine Infektion bedeutet Streß für den Körper. Der Organismus reagiert mit einem Ausschütten der sogenannten Streßhormone, die gleichzeitig Gegenspieler des Insulins sind. Dazu gehören vor allem Adrenalin, das einen kurzzeitigen Effekt ausübt, und Kortison, das den Stoffwechsel über Stunden oder sogar Tage beeinflussen kann. Unter ihrer Wirkung steigt der Insulinbedarf an, der Stoffwechsel kann entgleisen.

Dasselbe gilt für Unfälle oder schwere seelische Belastungen, die ja auch Streß für den Körper bedeuten. Wie sich immer wieder zeigt, kann schon der Schulstreß – besonders vor Prüfungen – bei diabetischen Kindern zu einem Anstieg der Blutzuckerwerte führen.

Wie verschiedene Untersuchungen gezeigt haben, führt seelischer Streß bei Erwachsenen jedoch nicht immer zum Ansteigen der Blutzuckerwerte. Kein Zweifel besteht dagegen bei Unfällen und größeren Operationen, die den Körper sehr belasten können.

Korrektur des Insulinbedarfs bei leichten Erkrankungen

Bei fieberhaften Erkrankungen, sei es durch Viren oder Bakterien, steigt der Insulinbedarf. Gut geschulte Patienten können dies durch eine Erhöhung der Insulindosis ausgleichen; in Zweifelsfällen sollte man sich aber an einen Arzt wenden. Als insulinspritzender Diabetiker sollten Sie jetzt besonderen Wert auf die Blutzucker-Selbstkontrolle legen und in kürzeren Abständen – etwa ein- bis zweistündlich – den Blutzucker testen.

Die Korrektur erfolgt am besten mit Altinsulin: Eine Faustregel besagt, daß pro Grad Celsius über der Normaltemperatur die Dosis um etwa 25% erhöht werden muß.

Bei leichteren Infekten kann man sich auch an die 30er-Regel halten (siehe Seite 50). Diese Regel gilt aber nur als Anhaltspunkt, denn bei schwereren Infektionen können erheblich größere Insulindosen notwendig werden.

Überprüfen Sie also 30–60 Minuten nach einer korrigierenden Insulininjektion immer die Wirkung durch eine weitere Blutglukosebestimmung!

Auch wenn bei einer **Magen-Darm-Erkrankung** wegen Übelkeit und Erbrechen eine Nahrungsaufnahme nicht mehr möglich ist, darf man nicht völlig auf die Gabe von Insulin verzichten. Bei schlanken Menschen liegt dann die Tagesdosis bei etwa einem Drittel, bei eher Übergewichtigen etwa bei der Hälfte der gewohnten Insulinmenge, wobei man bevorzugt das Normalinsulin reduziert.

Oft wird der Fehler begangen, das Insulin ganz wegzulassen, weil man durch eine Verminderung der Nahrungsaufnahme eher eine Hypoglykämie erwartet. In der Regel wird dies aber durch den wegen der Streßhormone erhöhten Insulinbedarf mehr als ausgeglichen. Viele Fälle von diabetischem Koma wurden bereits durch eine solche Erkrankung ausgelöst, weil die Betroffenen ihre Insulintherapie ganz unterbrochen hatten!

Medikamente und Insulinwirkung

Es gibt Medikamente, die die Insulinwirkung oder die Wirkung oraler Antidiabetika verstärken und so zu Hypoglykämien führen können (zum Beispiel Antibiotika wie die Sulfonamide). Im Gegensatz dazu gibt es auch Präparate, die die Insulinwirkung verschlechtern (zum Beispiel Kortison). Bei rezeptpflichtigen Medikamenten liegt die Verantwortung beim verschreibenden Arzt, es gibt aber auch frei verkäufliche Arzneimittel, bei denen Vorsicht geboten ist. Hier muß man sich vom Apotheker beraten lassen. Wenn Sie Medikamente verschrieben bekommen oder rezeptfrei kaufen, erkundigen Sie sich also immer, ob diese die Insulinwirkung beeinträchtigen.

Sport und Bewegung

Körperliche Anstrengung und Muskelarbeit beeinflussen den Stoffwechsel auf verschiedene Weise.

Kurzfristig steigt die Durchblutung im Bereich des Unterhaut-Fettgewebes, also dort, wo das Insulindepot liegt oder wo das Insulin durch eine Pumpe kontinuierlich abgegeben wird. Das Insulin kann also schneller in den Kreislauf abströmen, die Insulinzufuhr steigt.

Gleichzeitig verstärkt die Muskelarbeit die Insulinwirkung an den Zellen, was nach heutigen Erkenntnissen auf zwei Mechanismen zurückzuführen ist: Eine schnelle Reaktion des Gewebes bewirkt, daß die Insulinwirkung verstärkt wird, was den Blutzuckerspiegel deutlich senkt. Als Langzeitwirkung von regelmäßigem

Radfahren: ein gutes Ausdauertraining

körperlichen Training tritt eine Vermehrung der Insulinrezeptoren an den Muskeln auf. Mehr Rezeptoren können mehr Insulinmoleküle binden, was wiederum zu einer Verstärkung der Insulinwirkung an den Muskelzellen führt.

Ist Sport günstig?

Einer der großen Pioniere der Diabetologie, der Amerikaner Joslin, hat bereits in den 20er Jahren erkannt, daß körperliche Aktivität, also Muskelarbeit, den Diabetes günstig beeinflußt. Dementsprechend hat er die Muskelarbeit als eine der Säulen der Diabetestherapie bezeichnet. Heute wird dies eher in Frage gestellt, da nicht erwiesen ist, daß Sport die Stoffwechseleinstellung verbessert und auf lange Sicht die Mikroangiopathie, also die Störungen im Bereich der kleinen Gefäße von Augenhintergrund und Nieren beeinflussen kann. Anders verhält sich dies für die Makroangiopathie, also die arteriosklerotischen Veränderungen in den großen Gefäßen. Aus verschiedenen Untersuchungen geht hervor, daß regelmäßiges körperliches Training Blutdruck und Kreislauf günstig beeinflußt und einem Herzinfarkt oder Schlaganfall vorbeugen kann.

Zweifellos bringt der Sport Unruhe in die Stoffwechseleinstellung, da er zu bestimmten Zeiten den Insulinbedarf vermindert und damit auch die Gefahr von Hypoglykämien erhöht. Im Hinblick auf den Kreislaufeffekt und die Vorbeugung von Arteriosklerose sollte man aber sportliche Aktivität bei Diabetes grundsätzlich befürworten. Dabei stellt sich die Frage, welche Sportarten besonders empfehlenswert sind.

Empfehlenswerte Sportarten

Abzuraten ist von Sportarten, die den diabetischen Sportler gefährden, das heißt Situationen schaffen, die ihn bei einem Unterzucker in Lebensgefahr bringen. Dazu gehören extremes Klettern, Langstreckenschwimmen ohne Begleitung, Automobil- und Motorradsport.

Zu einer Reihe von Sportarten werden Diabetiker im allgemeinen nicht zugelassen. Das betrifft zum Beispiel Fallschirmspringen, Tauchsport, Windsurfen und Felsklettern. Die jeweiligen Sportschulen oder Sportlehrer weigern sich unter Umständen, Diabetiker anzunehmen. Ob dies immer berechtigt ist, sei dahingestellt. Man muß aber bedenken, daß der Sportlehrer die Verantwortung für den Anfänger trägt.

Eine andere Kategorie bilden Sportarten, die mit starkem körperlichen und seelischen Streß verbunden sind, also jede Art von Wettkampf und Sportarten, bei denen man gegen einen Gegner antritt. Hier kann es durch die Wirkung der Streßhormone trotz des blutzuckersenkenden Effekts der Muskelarbeit zu einem Blutzuckeranstieg kommen. Diese Sportarten machen aber auch Spaß und sind damit von grundsätzlicher Bedeutung für die Lebensfreude des Diabetikers. Es gibt viele Beispiele von Spitzensportlern mit Typ-I-Diabetes, unter ihnen bekannte Tennisspieler und Turnierreiter, die es trotz Diät und Insulinspritzen zu international bewunderten Höchstleistungen gebracht haben. Es besteht also überhaupt **keine Veranlassung, Wettkampfsport zu verbieten**; der Sportler sollte aber lernen, die Perioden der Höchstleistung in den Behandlungsplan einzubauen.

Weniger Ambitionierte, die sich gerne bewegen und einen gewissen Ausgleichssport betreiben möchten, sollten ihre Ausdauer trainieren. Zu empfehlen sind Laufen (Jogging), Gymnastik, Bergwandern, Radfahren und Skilanglauf.

Wegen seiner ruhigen und organischen Bewegung ist **Schwimmen** besonders empfehlenswert. Schwimmen ist aber auch potentiell gefährlich, deshalb sollten Sie folgende Regeln beachten:

1. Schwimmen Sie nie allein.
2. Informieren Sie Ihre Gefährten oder den anwesenden Bademeister, und bitten Sie sie, Sie aus dem Wasser zu ziehen, falls Sie in Schwierigkeiten geraten.
3. Gehen Sie sofort aus dem Wasser, wenn Sie die ersten Anzeichen einer Hypoglykämie fühlen.

Wie kann man den Effekt der Muskelarbeit am besten kompensieren?

Ein englischer Marathonläufer, der selbst Insulin spritzt, wurde von einem jungen Diabetiker gefragt, welche Empfehlungen er für den Langstreckenlauf geben könne. Die Antworten waren so präzise, daß ich sie hier gerne wiedergeben möchte:

1. Benützen Sie passendes und bequemes Schuhwerk, so daß es nicht zur Blasenbildung kommen kann. Die Sportkleidung sollte eine Tasche für Traubenzucker haben.
2. Fangen Sie mit kurzen Distanzen an, die Sie dann langsam bis zu größeren Entfernungen steigern können. Sportliche junge Leute brauchen dazu etwa 1–2 Jahre.
3. Trainieren Sie etwa 3mal wöchentlich.

Diabetes und Hochleistungssport schließen sich nicht gegenseitig aus

4. Das Training reduziert die Durchschnittsdosis Insulin um ungefähr 25%. Wenn Sie einmal das Training aufgenommen haben, werden Sie auch an den Tagen, an denen Sie nicht trainieren, weniger Insulin brauchen. Der Insulinbedarf steigt wieder, wenn Sie das Training beenden.
5. Während des Laufens müssen Sie Kohlenhydrate zu sich nehmen. Dies geschieht am besten in Form von Traubenzucker.
6. Vor und nach jedem Lauf muß der Blutzuckerspiegel getestet werden, und es ist empfehlenswert, ein Tagebuch zu führen, in dem die Laufdistanz, die Kohlenhydratmenge und die Insulindosis verzeichnet sind. Auf diese Weise kann man selbst herausfinden, welche Insulindosis und welcher Glukosebedarf für die Läufe am günstigsten sind.
7. Falls man die Insulindosis am Morgen vor einem längeren Lauf reduziert, wird während des Laufs weniger Glukose benötigt. Auf diese Weise wird auch das Risiko von Magenkrämpfen reduziert.
8. Nach einem Langstreckenlauf steigt die Blutglukose gewöhnlich an, so daß eine kleine Dosis Altinsulin zur Korrektur notwendig ist.

Dieses Beispiel illustriert, wie man prinzipiell den durch Sport verminderten Insulinbedarf ausgleicht: einmal durch eine Verringerung der Dosis und zum anderen durch Traubenzuckereinnahme während der Anstrengung.

Untersuchungen haben gezeigt, daß es oft vom Ausgangswert des Blutzuckers abhängt, ob er steigt oder fällt. Bei Werten über 200 mg/dl ist mit einem Anstieg zu rechnen.

Interessant ist die Beobachtung eines späteren Anstiegs nach dem Sport. Dies kann durchaus mehrere Stunden nach dem Ende der Anstrengung erfolgen, also zum Beispiel während der Nacht.

Leider gibt es nur ungenügende Richtlinien, um Nahrungsaufnahme und körperliche Betätigung genau aufeinander abzustimmen. Jeder reagiert anders, so daß man sein eigenes Rezept selbst entwickeln muß.

i n f o

Maßnahmen zur Stoffwechselanpassung bei Sport

- Vor und nach dem Sport Blutzucker messen
- Vor dem Sport 1–2 Broteinheiten (gute Einstellung vorausgesetzt)
- Während des Sports 1 BE alle 30 Minuten in leicht verdaulicher Form (eventuell Saft)
- Bei Dauerleistung Insulindosis insgesamt um 30–60% senken

BEHANDLUNG UND LEBENSFÜHRUNG BEI TYP-II-DIABETES

Wegen der Unterschiede bei der Entstehung der beiden wichtigsten Diabetesformen unterscheiden sich auch die Behandlung und Lebensführung. Der Typ II mit seiner Verbindung zum Übergewicht ist eine Zivilisationskrankheit, die sehr stark von Umweltfaktoren bestimmt ist. Vom gesundheitspolitischen Standpunkt ist er von viel größerer Bedeutung als der Typ I, denn er betrifft mit einem Anteil von 80–90% die überwiegende Mehrheit aller Patienten mit Diabetes. Mit Hinblick auf die Folgekrankheiten ist es nicht angebracht, den Typ-II-Diabetes zu bagatellisieren, wie dies öfter geschieht.

Diabetes und Übergewicht

80–90% der Patienten mit Typ-II-Diabetes sind übergewichtig. Dabei ist die Frage naheliegend, was man eigentlich unter **Übergewicht** versteht. Die wichtigsten Daten hierzu lieferten die Lebensversicherungen, die die Relation zwischen Körpergewicht und Körpergröße mit der Sterblichkeitsrate in Beziehung gesetzt haben.

Über eine bestimmte Gewichtsgrenze hinaus besteht ein erhöhtes Krankheits- und damit Sterberisiko. Am tiefsten Punkt der Kurve liegt das Idealgewicht, das heißt das Gewicht mit

Sterberisiko in Abhängigkeit vom Gewichtsindex (BMI = Body Mass Index)

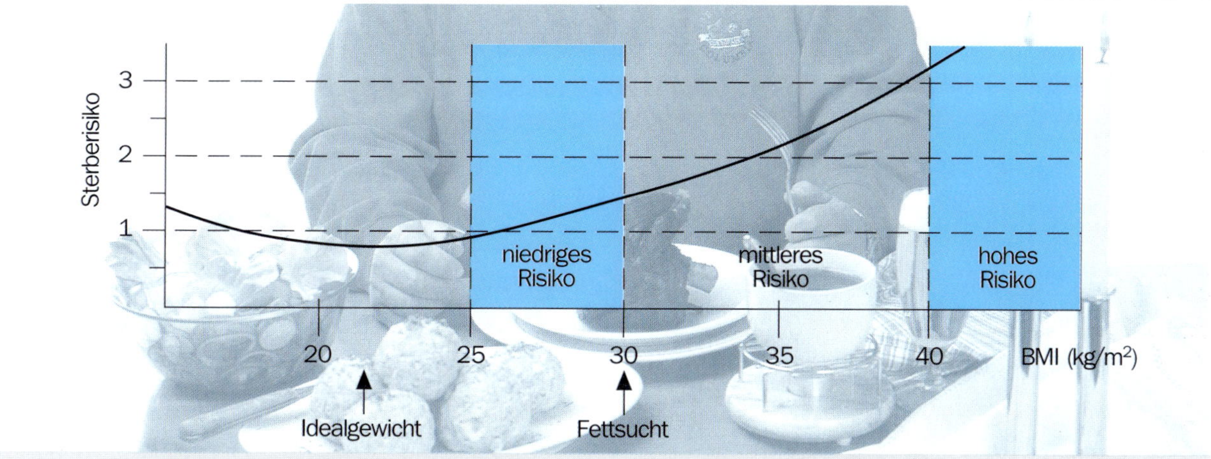

Der Gewichtsindex wird durch das Verhältnis von Körpergröße zu Körpergewicht – eigentlich Körperoberfläche zu Körpergewicht – gebildet. Der Begriff Idealgewicht wurde von den Lebensversicherungen geprägt und zeigt das Gewicht mit dem niedrigsten Sterberisiko.

den geringsten Krankheitsrisiken. Entsprechend dem Körperbautyp besteht aber eine recht breite Spanne, und es wäre ein Fehler, alle Menschen nur nach dem Maßstab des Idealgewichts zu beurteilen. Für die gesunde Bevölkerung ergibt sich also ein recht breiter Spielraum, und man kann davon ausgehen, daß das Normalgewicht plus 20% allgemein vertretbar ist.

Dies würde bedeuten, daß ein 180 cm großer Mann bis 96 kg wiegen kann, ohne als gefährdet zu gelten. Bei mehr als 20% über dem Normalgewicht gilt die Diagnose Adipositas bzw. Fettsucht.

Ganz anders ist die Situation bei Personen, die bereits den Ansatz einer Krankheit wie Bluthochdruck, Herzkrankheiten oder Diabetes haben. Hier muß der Versuch gemacht werden, das Normgewicht oder noch besser das Idealgewicht zu erreichen. Dies trifft besonders für den Diabetes zu, weil die Insulinresistenz (siehe Seite 21) von der Masse des Fettgewebes abhängt. So kann etwa ein übergewichtiger Diabetiker, der mit Tabletten behandelt werden muß, durch eine Gewichtsreduktion in ein Stadium kommen, in dem er mit Diät alleine auskommt.

Die Neigung zu Übergewicht ist genetisch vorbestimmt. Wahrscheinlich handelt es sich ursprünglich um ein positives Selektionsmerkmal, denn derjenige, der sich zu Zeiten des Überflusses ein Energiedepot anlegen konnte, konnte Hungerzeiten besser überstehen.

Idealgewicht und Normalgewicht

Idealgewicht in Kilogramm	Größe minus 100 minus 10% bei Männern minus 15% bei Frauen
Normalgewicht in Kilogramm (sog. Broca-Index)	Größe minus 100

Diabetes, Gicht und Fettstoffwechsel

Da die überwiegende Mehrheit der Diabetiker übergewichtig ist, ist der Diabetes meist mit Symptomen wie Bluthochdruck, Gicht und Störungen des Fettstoffwechsels verknüpft.

Diabetes und Gicht

Bei vielen Diabetikern findet sich eine Erhöhung der Harnsäurewerte, die ein Anzeichen für Gichtgefährdung ist. Gicht kann äußerst schmerzhafte akute Gelenkentzündungen oder aber chronische Gelenkveränderungen und Nierenschäden mit sich bringen. Die Harnsäureerhöhung gilt auch als Risikofaktor für die Arteriosklerose. **Übergewichtige Patienten sind vor allem dann gefährdet, wenn sie im Rahmen einer strikten Diät abnehmen.** Durch harnsäuresenkende Medikamente kann man aber einer Gicht vorbeugen.

Störungen des Fettstoffwechsels

Bei einer großen Zahl von Patienten mit Typ-II-Diabetes besteht gleichzeitig eine Störung des Fettstoffwechsels. Man erkennt diese Störungen durch eine Messung der Blutfette, also von Cholesterin und Triglyzeriden im Blut. Bei dieser Messung empfiehlt sich gleichzeitig eine Differenzierung des Cholesterins in Unterfraktionen, vor allem die Bestimmung von HDL- und LDL-Cholesterin. Es besteht kein Zweifel, daß zu hohe Cholesterinwerte – insbesondere die Erhöhung des ungünstigen LDL-Cholesterins – ein Risikofaktor für die Entstehung der Arteriosklerose sind.

Auch die Erhöhung der Triglyzeride birgt ein Risiko in sich. Die Frage wird heftig diskutiert, ab welcher Höhe diese beiden Störungen behandelt werden müssen. Über Normalwerte und Zielvorstellungen gibt die Tabelle am Seitenende Auskunft.

Bei Diabetes kann es durch eine Entgleisung oder eine permanent schlechte Einstellung zu einer Fettstoffwechselstörung kommen. Wahrscheinlich beruht sogar die Rolle des Diabetes als Risikofaktor für die Arteriosklerose auf der ihn begleitenden Fettstoffwechselstörung. Bei einer optimalen Stoffwechseleinstellung sollte es bei einem großen Teil der Patienten wieder zu normalen Fettwerten kommen.

Gleichzeitig gibt es aber auch die Kombination von Diabetes und einer angeborenen Fettstoffwechselstörung, die trotz perfekter Einstellung und Gewichtsreduktion erhalten bleibt. In diesen Fällen muß die Stoffwechsel-

Cholesterin und Triglyzeride im Blut

	Normalwerte:	Zielvorstellung:
Cholesterin	bis 240 mg/dl	bis 200 mg/dl
HDL-Cholesterin	über 35 mg/dl	35–65 mg/dl
Triglyzeride	bis 170 mg/dl	bis 150 mg/dl

störung gesondert behandelt werden. Interessant ist auch die Tatsache, daß bei schweren angeborenen Fettstoffwechselstörungen durch die Bildung einer Insulinresistenz ein Diabetes auftreten kann.

Durch Umstellung der Ernährung und Gewichtsabnahme kann ein großer Teil der Fettstoffwechselstörungen beseitigt und das damit verbundene Risiko reduziert werden. Im Hinblick auf die Gefährdung durch die Arteriosklerose in allen Gefäßgebieten kommt der Behandlung von Fettstoffwechselstörungen bei Diabetes eine besondere Rolle zu.

Ernährung

Die Diät ist eine der Grundlagen bei der Behandlung des Diabetes vom Erwachsenentyp, **sie kann nicht durch andere Maßnahmen wie Tabletten, Insulingaben oder körperliche Bewegung ersetzt werden.** Da ein großer Teil der Patienten mit Diät alleine behandelt werden kann, wird der Arzt nach der Diagnosestellung grundsätzlich überlegen, ob zunächst ein Versuch nur mit Diät angebracht ist.

Diät heißt Umstellung von Lebensgewohnheiten, aber nicht unbedingt eine Einschränkung von Lebensqualität. Sie ist der Teil der Behandlung, der letztendlich Sache des Patienten ist, und insgesamt der schwierigste, da er vom Patienten eine ständige Selbstdisziplin erfordert. Typ-II-Diabetiker müssen sich also teilweise von den natürlichen Funktionen von Appetit und Sättigung lösen und die Ernährung einer rationalen Steuerung unterziehen, sie bekommt zunächst einen künstlichen und etwas zwanghaften Charakter. Glücklicherweise reagieren die Menschen aber mit Gewöhnung und Anpassung. Genauso, wie sich im Verlauf eines Lebens Geschmack und Vorlieben ändern können, wird man sich mit der Diabetesdiät anfreunden und Vorlieben entwickeln, die der Gesundheit zuträglich sind.

Es ist im übrigen ein Fehler zu glauben, daß die Diabetesdiät immer einen Verzicht auf kulinarische Genüsse darstellt. Vielleicht werden viele Patienten bei der ersten Einstellung in einer Diabetesabteilung durch die dort angebotene Kost erschreckt und entmutigt. Man muß sich aber klarmachen, daß die Kantinen dem Sparzwang der Krankenhäuser unterliegen, und daß es schwierig ist, größere Mengen von Diätmenüs in relativ kurzer Zeit ansprechend zu gestalten.

Warum ist eine Diät notwendig?

Beim Erwachsenendiabetes hat die Diät zwei Funktionen:

1. bei Übergewichtigen die langsame Gewichtsreduktion und die Erhaltung des richtigen Körpergewichts
2. die Entlastung der in ihrer Funktion eingeschränkten insulinproduzierenden Zellen

Der erste Punkt ist klar: etwa 80% aller Patienten mit Typ-II-Diabetes sind übergewichtig. Reduziert man ihr Fettgewebe, so verringert sich die Insulinresistenz, das vermindert produzierte Insulin ist dann wieder in der Lage, den Blutzuckerspiegel zu halten.

Beim zweiten Punkt geht es um den akuten Anstieg des Blutzuckers nach einer Mahlzeit.

Je nach Zusammensetzung der Mahlzeit steigt der Blutzucker mehr oder weniger stark an, bei Typ-II-Diabetes ist aber die Insulinmenge von vornherein limitiert; sie reicht nach großen kohlenhydratreichen Mahlzeiten nicht aus, um den Blutzucker zu normalisieren. Die Zusammensetzung der Nahrung im Sinne einer Diabetesdiät und die Verteilung auf kleinere Mahlzeiten sollen dies ausgleichen.

Über die Zusammensetzung einer richtigen Diabetesdiät wurde schon viel geschrieben. Ich möchte mich deshalb auf einige Grundlagen beschränken, die den heute weltweit gegebenen Empfehlungen entsprechen. Im Rezeptteil finden Sie fertig berechnete Wochenpläne und Gerichte, die Ihnen den Einstieg in die Diabetesernährung erleichtern werden.

Im Zentrum des Interesses: kohlenhydratreiche Nahrungsmittel

Zusammensetzung der Nahrungsmittel

Ein gesunder Organismus entzieht der aufgenommenen Nahrung bei der Verdauung alle Nährstoffe, die für seinen Verbrauch und die Erhaltung des Körpergewichts notwendig sind. Die Empfehlungen der Ernährungswissenschaftler für eine rundum gesunde Ernährung entsprechen in ihrer Zusammensetzung den Erfordernissen einer Diabetesdiät. Besondere Bedeutung kommt dem Gehalt der Nahrungsmittel an schnell resorbierbaren Zuckern zu, allen voran der gewöhnliche Rohr- bzw. Haushaltszucker (Saccharose).

Das **Gesamtkalorienangebot** der aufgenommenen Nahrungsmittel soll sich zu folgenden Anteilen aus den drei energieliefernden Nährstoffgruppen zusammensetzen:

Kohlenhydrate: 50% (4 kcal pro g)
Fette: 30% (9 kcal pro g)
Eiweiß: 20% (4 kcal pro g)

Diabetiker sollen ihren **Kohlenhydratbedarf** durch Produkte decken, die stark vernetzte Zuckermoleküle, also verschiedene Formen von Stärke, enthalten. Da die Stärke erst in einzelne Zuckermoleküle aufgespalten werden muß, erfolgt die Resorption von Glukose in die Blutbahn langsamer und ausgeglichener als beim Verzehr von Zuckern, die einen schnellen und starken Blutglukoseanstieg zur Folge haben.

Bei Typ-II-Diabetes ist besonders auf den **Fettgehalt** der Nahrungsmittel zu achten, da das Fett bei der Gewichtszunahme die wichtigste Rolle spielt. In diesem Zusammenhang taucht in der Praxis immer wieder ein Problem auf:

Da die Diabetesdiät vielfach ausschließlich nach dem Kohlenhydratanteil der Nahrungsmittel berechnet und zusammengestellt wird, besteht bei einer Reduktionsdiät die **Gefahr, als Ausgleich mehr Kalorien aus dem Fettan-**

teil der Nahrung zu beziehen. Ich habe häufig erlebt, daß sich übergewichtige Patienten sehr wohl an die reduzierte Kohlenhydratmenge halten, sich aber Extrakalorien aus zusätzlichen Fettquellen (zum Beispiel Fleischprodukte und Wurstwaren) holen. Das hat nicht nur den ausbleibenden Gewichtsverlust zur Folge, sondern auch einen Anstieg der Blutfettwerte mit der Gefahr einer frühzeitigen Arteriosklerose. Großangelegte Untersuchungen zum Ernährungsverhalten haben gezeigt, daß in Deutschland grundsätzlich zuviel Fett konsumiert wird, meist versteckt in Wurst-, Fleisch-, Milch- und Fertigprodukten.

Auch der **Eiweißanteil** sollte sich in Grenzen halten. Dies gilt insbesondere dann, wenn bereits Anzeichen einer Nierenschädigung vorliegen. Es hat sich nämlich herausgestellt, daß das Fortschreiten einer Nierenschädigung durch die Reduktion des Eiweißanteils günstig beeinflußt werden kann. **Der normale tägliche Eiweißbedarf liegt etwa bei 1 g/kg Körpergewicht.** In manchen Kliniken wird hier durch unsinnige Quarkspeisen zuviel des Guten getan.

Menge und Zusammensetzung der Kohlenhydrate

Die übliche Angabe der Kohlenhydratmengen in **Broteinheiten (= BE)** stellt eine Übereinkunft dar, die eine Vereinfachung der Diätzusammenstellung ermöglichen soll. Eine Broteinheit entspricht 12 Gramm verwertbarer Kohlenhydrate. Es gibt aber auch Lebensmittel-Austauschtabellen auf der Basis von **Kohlenhydrateinheiten (= KE),** die 10 Gramm verwertbarer Kohlenhydrate entsprechen. Für welche Rechengröße Sie sich entscheiden, bleibt letztlich Ihnen überlassen. Sie müssen nur darauf achten, dann auch immer bei der gewählten Einheit zu bleiben.

In vielen Ländern wird die Berechnung nach der vertrauten Einheit Gramm bevorzugt, einige Diabeteszentren teilen die Nahrungsmittel wegen der unterschiedlich schnellen Verdauung der verschiedenen Kohlenhydrate nach Glukoseäquivalenten ein.

Wir empfehlen als Schätzgröße immer noch die alte Einteilung nach Broteinheiten, weil sie am weitesten verbreitet ist, und weil sich ein Speisenplan auf dieser Grundlage am leichtesten zusammenstellen läßt. Voraussetzung ist dabei, daß alle Kohlenhydrate gemieden werden, bei denen ein besonders hoher Blutzuckeranstieg zu erwarten ist. Grundsätzlich sollte man ballaststoffreiche Kohlenhydratquellen wie Obst, Gemüse und Vollkornprodukte wählen, deren Verdauung langsam und gleichmäßig erfolgt. Dies erklärt den Erfolg von Körnerdiäten bei Diabetes. Daß Körner aber irgendeine spezielle Heilwirkung haben sollen, ist – leider – ein weitverbreitetes Märchen.

Es geht hier insgesamt nicht um strenge Vorschriften, sondern um Empfehlungen für eine gesunde Ernährungsweise. Wenn Sie zum Beispiel auf Ihr Stück Zucker im Nachmittagskaffee nicht verzichten können, ist das noch kein Grund zur Beunruhigung.

„Diätausrutscher“

Jedes normale Leben bringt Situationen mit sich, bei denen die strikten Diätregeln durchbrochen werden. Dies kann eine Einladung sein, bei der angebotene Speisen nicht zurückgewiesen werden können, oder ein Essen in einem Restaurant, dessen Speisenplan die

Bedürfnisse von Diabetikern nicht berücksichtigt. Insulinspritzende Patienten, die die Dosisanpassung beherrschen, können dies durch eine Extradosis Altinsulin vor dem Essen kompensieren.

Schwerer haben es Patienten, die antidiabetische Medikamente schlucken. Für sie gilt die Empfehlung, einen Exzeß in den folgenden Tagen durch Kalorienreduktion zu kompensieren. Diese Empfehlung gilt natürlich besonders für Diätfehler, die zu echten Blutzuckerentgleisungen geführt haben!

Auch speziell für Diabetiker bestimmte Produkte, insbesondere Backwaren, sind problematisch. Daß durch die ständige Selbstkontrolle ein besonderer Hunger auf Süßigkeiten entstehen kann, ist bekannt. Viele Konditoreien bieten Backwaren und Kuchen an, die für Diabetiker hergestellt sind, sie enthalten statt Rohrzucker Süßstoff, Zuckerersatzstoffe oder Fruchtzucker (Fruktose). Manche dieser Produkte sind unerträglich süß; man hat das Gefühl, die Hersteller meinen es besonders gut mit den Diabetikern. In größeren Mengen kann Fruchtzucker Durchfall und Darmbeschwerden hervorrufen; im übrigen ist der Blutzuckeranstieg nicht unerheblich. Ich glaube, es ist günstiger, sich von dem konventionellen Konditoreigeschmack frei zumachen und andere Geschmacksqualitäten zu entdecken.

Alkohol

Alkohol ist ein üblicher Bestandteil unserer Ernährung. Grundsätzlich ist bei Diabetes nichts gegen Alkohol einzuwenden, vorausgesetzt, es bestehen keine Begleiterkrankungen oder andere Krankheiten, die den Konsum von vornherein verbieten.

Permanenter Alkoholgenuß kann auch ohne einen bestehenden Diabetes Neuropathien, also Nervenschädigungen hervorrufen.

Es ist nachvollziehbar, daß eine diabetische Neuropathie durch Alkohol verschlimmert werden kann. In der Praxis finden wir Nervenschädigungen, die auf die kombinierte Wirkung von Diabetes und Alkoholgenuß zurückzuführen sind. Wir haben uns oft gewundert, warum selbst bei optimaler Stoffwechseleinstellung das Ausmaß der Neuropathie bei einem Patienten nicht zurückging, bis er uns von seinem regelmäßigen Alkoholkonsum berichtete.

Liegt bereits eine Neuropathie vor, muß man zunächst einige Monate völlig abstinent bleiben, bis die Schädigungen spürbar abgeklungen sind. Über einen eingeschränkten Alkoholkonsum bei perfekter Stoffwechseleinstellung kann man später reden.

Alkohol übt aber noch eine zweite Wirkung auf den Körper aus, die Menschen mit Diabetes besonders beachten müssen. Da Alkohol die **Glukoseproduktion in der Leber** drosselt oder sogar ganz unterdrückt, können besonders bei leerem Magen schwerste Hypoglykämien auftreten. Eine Behandlung des Diabetes mit Tabletten oder Insulingaben erhöht natürlich zusätzlich das Risiko der Unterzuckerung. Am leichtesten läßt sich diese Gefahr vermeiden, wenn Sie alkoholische Getränke nur zu den Mahlzeiten konsumieren. Bei der Auswahl der Alkoholika muß man den Zuckergehalt und – besonders bei Hochprozentigen – den Brennwert des Alkohols berücksichtigen.

Geeignete Alkoholika	Problematische Alkoholika
Diätbiere ohne Malzzucker	Alle normalen Biersorten, auch Weißbier und „Alkoholfreies“
Trockene Weine mit einem Restzuckergehalt bis 9 Gramm pro Liter (mit einem Harnzucker-Teststreifen messen!)	Halbtrockene bis liebliche Weine
Herber, sehr trockener Sekt	Süße Schaumweine Aperitifs
Gebrannte Schnäpse	Liköre

Behandlung mit Tabletten

In den 50er Jahren wurden Tabletten in die Behandlung des Typ-II-Diabetes eingeführt. Sie bewirken entweder eine vermehrte Insulinausschüttung oder eine Verbesserung der Insulinwirkung im Sinne einer Verminderung der Insulinresistenz. Immer wieder gab es heftige Diskussionen darüber, ob ihr Einsatz gerechtfertigt ist, und bei welchen Formen des Diabetes eine solche Behandlung angebracht ist. Immer wieder wurde darauf hingewiesen, daß auch solche Patienten orale Antidiabetika erhielten, für die eine Diät alleine ausreichend gewesen wäre. Man ist sich aber heute einig, daß zwischen den Patienten, die mit Diät alleine und solchen, die mit Insulin eingestellt werden müssen, eine große Gruppe liegt, die erfolgreich mit oralen Antidiabetika behandelt werden kann.

Orale Antidiabetika vom Sulfonylharnstoff-Typ

Diese Medikamente regen die Insulinausschüttung in den insulinproduzierenden Zellen des Pankreas an.

Sie erhöhen die Empfindlichkeit der Zellen für Glukose, so daß das durch den Blutzuckeranstieg hervorgerufene Signal verstärkt und nach einer Mahlzeit mehr Insulin ausgeschüttet wird. Gleichzeitig vermindern diese Stoffe wahrscheinlich auch die Insulinresistenz der Zielzellen. Es gibt eine ganze Reihe von verschiedenen Präparaten dieser Stoffklasse, die sich in ihrer Wirkung und dementsprechend auch in ihrer Dosierung unterscheiden. Die heute am meisten verschriebene Substanz ist das **Glibenclamid,** das als am stärksten wirksam gilt.

Von besonderer Bedeutung ist, daß die Sulfonylharnstoffe nur eine begrenzte Zeit wirksam sind. **Man muß also mit einem Nachlassen der Wirkung nach 5–8 Jahren rechnen.**

Orale Antidiabetika vom Biguanid-Typ

Diese Stoffe verstärken die Insulinwirkung an den Zielzellen und wirken so der Insulinresistenz entgegen. Ein Vorteil ist, daß sie auch bei Übergewicht gegeben werden können. Ihre Verwendung wird aber durch eine große Liste von Gegenanzeigen eingeschränkt, insbesondere bei Nierenschäden oder Gefäßerkrankungen. In Deutschland ist das **Metformin** zugelassen, das vor allem in Kombination mit oralen Antidiabetika vom Sulfonylharnstoff-Typ eingesetzt wird.

Insulinsensitizer

Eine neue Entwicklung sind die sogenannten Insulinsensitizer vom Typ der Thiazolin-Dione oder Glitazone (Markennamen Avandia oder Actos), die gezielt gegen die Insulinresistenz gerichtet sind. Sind sie gut verträglich und werden in Kombination mit Metformin oder Sulfonylharnstoffen eingesetzt.

Resorptionsverzögernde und appetitbeeinflussende Mittel

Eine neue Entwicklung mit interessanter Wirkung ist die **Acarbose.** Es handelt sich um ein Medikament, das die Spaltung von Disacchariden, also Verbindungen aus zwei Zuckermolekülen, im Darm hemmt und damit die Aufnahme der Glukosemoleküle im Darm verzögert. Es bewirkt ein langsameres Ansteigen des Blutzuckers nach einer Mahlzeit, so daß zu seiner Verarbeitung weniger Insulin benötigt wird.

Das Medikament verbleibt im Darm und wird praktisch nicht vom Organismus aufgenommen. Durch die Verzögerung der Zuckerspaltung kommt es aber zu Gärungsprozessen, die Nebenwirkungen verursachen können, vor allem Blähungen und andere Störungen der Darmtätigkeit. Bei einem großen Teil der Patienten kommt es mit der Zeit zu einer Anpassung, so daß die Beschwerden verschwinden. Man fängt deshalb mit geringeren Dosen an, bis sich der Darm an das neue Medikament gewöhnt hat. In einigen Fällen muß die Acarbose wegen der Nebenwirkungen aber auch abgesetzt werden.

Eine gewisse Verzögerung der Zuckerresorption wird auch durch **Faserstoffe** erreicht. Dies trifft insbesondere für das Produkt **Guar** (aus der indischen Guarbohne) zu. Es bewährt sich als Zusatz zu Backwaren.

Seit Jahren wird versucht, das Problem des Typ-II-Diabetes an seinen Wurzeln, nämlich der übermäßigen Nahrungsaufnahme zu packen. Bei starkem Übergewicht und Eßstörungen kann deshalb ein appetitbeeinflussendes Mittel wie Subutramin (Markenname Reductil) oder ein Medikament wie Orlistat (Markenname Xenical) von Vorteil sein.

Behandlung des Typ-II-Diabetes mit Insulin

Etwa die Hälfte aller Patienten mit Typ-II-Diabetes muß früher oder später mit Insulin behandelt werden, wenn trotz der Versuche mit Diät und oralen Antidiabetika eine optimale Einstellung nicht mehr gewährleistet werden kann. Handelt es sich dabei um ein Versagen der Behandlung mit oralen Antidiabetika – insbesondere vom Sulfonylharnstofftyp – deren Wirkdauer begrenzt ist, kann der Versuch einer Kombination von Insulin mit Tabletten gemacht werden. **Eine Einstellung auf Insulin heißt nicht grundsätzlich, daß nun nur noch mit Insulin weiterbehandelt wird.** So ist zum Beispiel bei einer akuten Entgleisung zunächst eine Insulintherapie notwendig, die dann wieder auf Diät alleine oder Diät plus orale Antidiabetika zurückgeführt werden kann. Viele Patienten geraten in panikähnliche Zustände, wenn sie mit der Notwendigkeit einer Insulintherapie konfrontiert werden. Sie haben das Gefühl, daß sie nun wirklich krank geworden sind, und daß mit dem Insulin die Krankheit einen besonders schweren Verlauf nimmt. Leider werden deshalb viele Patienten viel zu spät auf Insulin umgestellt. Der Stoffwechsel wird jahrelang schlecht geführt, die HbA_{1c}-Werte liegen zu hoch, und eine systematische Umstellung erfolgt erst dann, wenn sich erste Anzeichen von Gefäßkomplikationen ergeben, also wenn es für eine sachgerechte Vorbeugung bereits zu spät ist. Bei der Stoffwechseleinstellung kommt es aber weniger auf die Methode als auf das Ergebnis an. Gemessen an den Spätkomplikationen ist ein manifester Typ-II-Diabetes nicht als harmlose Alterserkrankung zu bezeichnen.

Insulindosierung und Stoffwechsel-Selbstkontrolle

Im allgemeinen wird man bei Typ-II-Diabetes mit zwei Injektionen eines Mischinsulins auskommen. Dabei haben sich Mischungen aus 25–50 % Altinsulin und 50–75 % Verzögerungsinsulin bewährt. Eine Variation der Mischung ist meist nicht notwendig; Insulin-Pens erleichtern vielfach die Behandlung. Eine weitere Möglichkeit ist die prandiale Insulingabe, also die Injektion kurz wirksamer Insuline zur Mahlzeit. Hierbei wird wie bei der intensivierten Insulintherapie des Typ 1 ein an die Mahlzeit angepaßter „Bolus“ verabreicht. Der Vorteil dieser Methode liegt in der Flexibilität gegenüber Zeitpunkt und Größe der Mahlzeit.

Wie kann die Qualität der Einstellung gewährleistet werden? Meiner Meinung nach sollte jeder insulinspritzende Patient die Blutzucker-Selbstkontrolle beherrschen. Er ist damit in der Lage, Blutzuckerentgleisungen nach oben und unten festzustellen und darauf adäquat zu reagieren. Bei stabilen Stoffwechselverhältnissen genügt die Harnzucker-Selbstkontrolle, wobei die Werte stets negativ sein müssen, da eine gute Einstellung unterhalb der Nierenschwelle von etwa 180 mg/dl liegen muß (siehe Seite 9).

Bei größeren Schwankungen und bei Begleitkrankheiten sollte man auf Blutzucker-Tagesprofile übergehen. Absolut notwendig ist die ärztliche Kontrolle des HbA_{1c}-Wertes, der alle drei Monate gemessen werden muß.

RISIKEN UND KOMPLIKATIONEN

Mit den verschiedenen Formen des Diabetes mellitus sind Komplikationen verbunden, die man am besten in zeitliche Kategorien einteilt.

Akute Komplikationen

Stoffwechselentgleisungen, Sehstörungen oder Infekte können innerhalb von Minuten bis Tagen auftreten. An erster Stelle stehen natürlich die akuten Veränderungen des Blutzuckers, also Hyperglykämie oder Hypoglykämie.

Hyperglykämie: zu hohe Blutzuckerwerte

Verschiedene Ursachen lassen den Stoffwechsel zu hohen Blutzuckerwerten hin entgleisen. Als häufigste Ursache sind hier Infekte zu nennen, zum Beispiel eine akute Grippeerkrankung oder eine Magen-Darm-Infektion. Die körperliche Streßsituation führt zu einem erhöhten Insulinbedarf, der sich durch ein Ansteigen des Blutzuckers bemerkbar macht.

Zu den Ursachen für eine plötzliche Entgleisung zählen auch schwere Diätfehler oder Behandlungsfehler, zum Beispiel vergessen einer Insulindosis, Verwechseln der Insulinsorten oder falsche Spritztechnik. Am schnellsten kann der Blutzucker bei Patienten ansteigen, die mit einer Insulinpumpe behandelt werden, wenn die kontinuierliche Insulinzufuhr plötzlich ausfällt.

Normalerweise entwickelt sich eine Blutzuckerentgleisung innerhalb von einigen Stunden. Die **Symptome** sind Durstgefühl, verstärktes Urinieren und Müdigkeit, etwa wie beim ersten Auftreten eines Diabetes. Diese Symptome verschwinden, wenn sich der Blutzuckerspiegel durch die richtige Behandlung wieder in den Zielbereich bewegt.

Entwicklung eines diabetischen Komas

Eine schwere Entgleisung kann zu hohen Blutzuckerspiegeln und zur Bildung von Ketonkörpern führen.

Ein echtes diabetisches Koma, also der Verlust des Bewußtseins, kann nur durch sehr hohe Blutzuckerspiegel oder auch in Verbindung mit einer Übersäuerung des Organismus bei Ketonkörperbildung (Ketoazidose) entstehen.

Erste Symptome hierfür sind Benommenheit, Übelkeit bis zum Erbrechen, Bauchschmerzen und ein fruchtiger Geruch in der ausgeatmeten Luft. Dieser Zustand ist lebensbedrohlich. Die Patienten sind bereits sehr stark ausgetrocknet und müssen so schnellstens einer Intensivtherapie mit Infusionen von Insulin- und Salzlösungen zugeführt werden.

Hypoglykämie: zu niedrige Blutzuckerwerte

Hypoglykämien entstehen durch Behandlungsfehler, zum Beispiel durch zu hohe Insulindosen oder zu hoch dosierte Tablettenbehandlung. Häufige Auslöser sind körperliche Aktivität, Auslassen einer Mahlzeit oder Alkoholgenuß. Hypoglykämien können innerhalb von Minuten auftreten und verursachen Zittrigkeit, Schwindel, Schweißausbrüche und Verwirrungszustände.

Unterzuckerungszustände müssen rechtzeitig erkannt werden; man muß selbst ein Gefühl dafür entwickeln, wie man die Symptome erfaßt und einschätzt, um dann überlegt handeln zu können. Ein gut geschulter Patient wird nur in seltenen Fällen fremde Hilfe benötigen (siehe Seite 42).

Vorübergehende Sehstörungen

Stark und kurzfristig schwankende Blutzuckerspiegel können vorübergehend zu verschwommenem Sehen führen.

Bei hohen Glukosespiegeln bilden sich in der Linse andere Zucker, die den Quellungsdruck der Linse erhöhen (siehe Seite 22). Das Gegenteil passiert bei sinkenden Blutzuckerwerten, jetzt gibt die Augenlinse Wasser in das Blut ab. Es entsteht der Eindruck, als würde man durch eine Brille mit der falschen Sehstärke schauen, da die Augen nicht mehr richtig scharfstellen können. Diese Sehstörungen verschwinden nach wenigen Tagen, wenn sich die Zuckerkonzentrationen in der Linse wieder normalisiert haben.

Mittelfristige Komplikationen

Hierzu gehören Probleme, die sich innerhalb von Monaten entwickeln. In erster Linie sind leichtere Störungen des Nervensystems, diabetesbedingte Veränderungen und Infektionen der Haut zu nennen.

Alle mittelfristigen Komplikationen lassen sich durch eine normgerechte Blutzuckereinstellung und weitere Maßnahmen ganz oder teilweise rückgängig machen.

Polyneuropathie: die diabetischen Nervenschädigungen

Zur Entstehung der diabetischen Polyneuropathie gibt es verschiedene Theorien, die einerseits eine Stoffwechselstörung in den Nerven, andererseits eine Störung in den die Nerven versorgenden Gefäßen verantwortlich machen. Bei allen Diabetesformen kann es zu Nervenschädigungen kommen, die das motorische, sensible und das autonome Nervensystem betreffen. Nach den bisherigen Erfahrungen sind solche Nervenschädigungen in den Anfangsstadien rückbildungsfähig. Die einzig sichere Vorbeugung liegt in einer möglichst frühen perfekten Stoffwechseleinstellung.

Störungen des sensiblen Nervensystems

Die häufigsten **Symptome** sind Gefühlsstörungen, die sich als Taubheit, Kribbeln, Überempfindlichkeit der Haut oder auch Schmerzen bemerkbar machen. In erster Linie sind Beine und Füße betroffen. Die Haut wird trocken und rissig, an Druckstellen, die von schlecht sitzendem Schuhwerk herrühren, bilden sich Verhornungen und schließlich Geschwüre.

Die Schmerzen treten vorwiegend nachts im Bereich des Vorfußes auf und können an der Außenseite des ganzen Beins entlangziehen. In schweren Fällen werden die Schmerzen unerträglich und müssen mit Schmerzmitteln bekämpft werden, was natürlich noch nicht die Ursache beseitigt.

Leider gibt es bis heute noch keine wirksame **Behandlung,** die sich speziell gegen die schmerzhafte Polyneuropathie richtet. Neben reinen Schmerzmitteln haben sich Medikamente bewährt, die ursprünglich zur Behandlung der Epilepsie (Fallsucht) verwendet wurden. Zusätzlich können antidepressive Medikamente erfolgreich gegen die chronischen Schmerzen eingesetzt werden. Umstritten ist die Wirkung der Thioctsäure, der man vor allem im akuten Stadium eine lindernde Wirkung nachsagt. Schließlich sind Salbenzubereitungen mit Capsaicin zu erwähnen, die auf die schmerzenden Nervenendungen in der Haut einwirken.

Die einzig sichere Methode ist die normnahe Blutzuckereinstellung, deren positive Wirkung auf alle Formen der Polyneuropathie eindeutig gesichert ist. Man darf dabei aber nicht eine sofortige Verbesserung über Nacht erwarten, es kann Monate dauern, bis die Verbesserung der Einstellungsqualität spürbare Ergebnisse zeigt.

Störungen des motorischen Nervensystems

Hier handelt es sich um die zum Glück seltenen Lähmungserscheinungen. Sie betreffen vor allem die Motorik im Bereich der Füße, können aber auch im Kopfbereich auftreten. Ein Beispiel dafür ist die Augenmuskellähmung, die zu einem plötzlichen Schielen führt.

Störungen des autonomen Nervensystems

Von besonderer Bedeutung ist die autonome Neuropathie, die sich auf die unwillkürliche Steuerung von Körpervorgängen auswirkt. Sie kann gefährlich werden, wenn sie zum Beispiel die Ursache von Herzrhythmusstörungen wird. Wichtige Auswirkungen der autonomen Neuropathie finden sich im Magen- und Darmbereich. Eine Blockierung der Magenentleerung verursacht schweres Völlegefühl und Appetitlosigkeit. Da sich der Magen unregelmäßig entleert, läßt sich die Blutzuckerspitze nach einer Mahlzeit in ihrem zeitlichen Auftreten schlecht abschätzen, so daß die Hauptwirkung der Insulindosis nicht mit dem Blutzuckeranstieg zur Deckung gebracht werden kann und damit eine Stoffwechselinstabilität entsteht. Andere sehr unangenehme Folgen der autonomen Neuropathie sind Potenzstörungen beim Mann (siehe Seite 95) und Probleme mit der Blasenentleerung, insbesondere bei älteren Leuten. Auch hier liegt die einzig sichere Behandlung in einer möglichst perfekten Stoffwechseleinstellung. Alle anderen Behandlungsmethoden sind bis heute nicht gesichert.

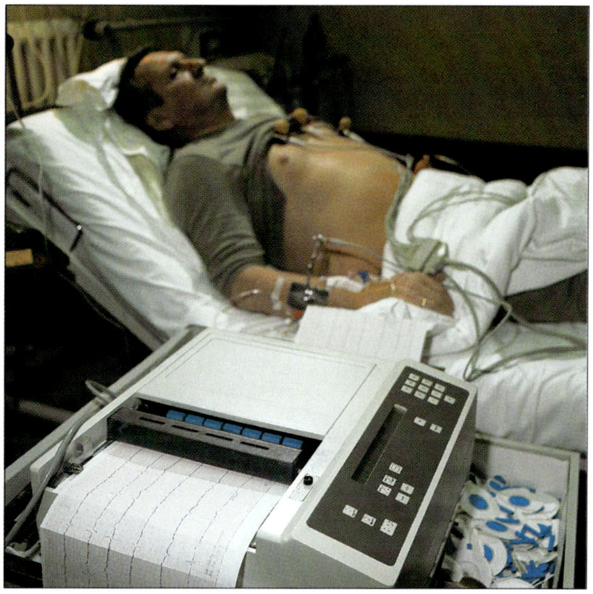

Bei einem Elektrokardiogramm zur Untersuchung der diabetischen Polyneuropathie werden die für die Herztätigkeit notwendigen elektrischen Steuerströme aufgezeichnet. Diese Meßmethode ist völlig schmerzfrei, da die Elektroden nur auf die Haut aufgeklebt werden

Diagnostik der diabetischen Neuropathie

Eine genaue Diagnosestellung ist wichtig, da sich hinter einer zunächst für den Diabetes typischen Symptomatik auch andere neurologische Störungen verbergen können. Neben einer genauen neurologischen Untersuchung mit Prüfung der verschiedenen Reflexe wird die Nervenleitgeschwindigkeit bestimmt, die etwas über die Funktion eines Nerven aussagt. Für die Diagnostik der autonomen Neuropathie gibt es spezielle Untersuchungen, die anhand von EKG-Ableitungen die Steuerung der Herzschlagfolge prüfen. Mit ihr lassen sich ziemlich exakte Aussagen über das Ausmaß der autonomen Nervenstörung machen und zum Beispiel Rückschlüsse auf Potenzstörungen ziehen. Mit anderen Tests lassen sich zum Beispiel die Magenentleerung oder Temperaturempfindlichkeit und Vibrationsempfinden der sensiblen Nerven prüfen.

Alkohol und diabetische Neuropathie

Übermäßiger Alkoholgenuß kann an sich schon zu Nervenstörungen führen, deren Symptome der diabetischen Neuropathie sehr ähnlich sind. Unglücklicherweise verstärkt der Alkohol die Wirkung der schlechten Stoffwechseleinstellung, und so ist oft ein Teil der Beschwerden dem Alkoholgenuß zuzuschreiben. Eine vernünftige Empfehlung lautet deshalb, bei diabetischer Neuropathie für eine Weile ganz auf Alkohol zu verzichten, um dessen Beitrag bewußt auszuschalten.

Spätkomplikationen

Spätkomplikationen treten erst auf, wenn ein bestehender Diabetes mehrere Jahre lang nicht oder unzureichend behandelt wird.

Es muß an dieser Stelle nochmals darauf hingewiesen werden, daß viele Typ-II-Diabetiker zum Zeitpunkt der Diagnose wegen der nachlassenden Insulinsekretion der Bauchspeicheldrüse schon lange den Folgen erhöhter Blutzuckerkonzentrationen ausgesetzt waren.

Mikroangiopathie: die Erkrankung der kleinen Blutgefäße

Die Mikroangiopathie ist eine Schädigung der Kapillarnetze, der haarfeinen Äderchen, die Gewebe und Zellen mit Blut versorgen. Man nimmt heute an, daß bei über viele Jahre erhöhten Blutglukosespiegeln Zuckermoleküle in die Proteinstrukturen eingebaut werden, aus denen die Wände der Kapillaren aufgebaut sind. Man spricht auch von der Verzuckerung der Gefäße (in der Fachliteratur als „Glukose-Toxizität" bezeichnet). Es kommt also sozusagen zu „Webfehlern" in der Eiweißstruktur der Kapillarwände, die zu Funktionsstörungen in den betroffenen Organen führen.

Besonders gefährdet sind die Kapillaren in der Netzhaut der Augen (Retinopathie) und in den Nieren (Nephropathie). Beim Typ-I-Diabetes rechnet man durchschnittlich mit einer Laufzeit von 5 Jahren, bis erste Spätkomplikationen an Augen und Nieren auftreten können. Da es fundierte Hinweise dafür gibt, daß der erhöhte Blutzuckerspiegel unmittelbar für die Veränderungen verantwortlich ist, läßt sich auch annehmen, daß sich diese Störungen durch eine möglichst perfekte Stoffwechseleinstellung verhindern lassen.

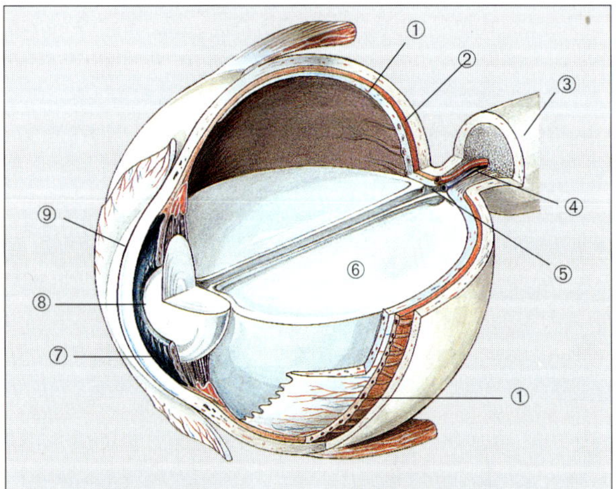

Aufbau des menschlichen Auges

Retinopathie: die diabetische Netzhauterkrankung

Die Retinopathie tritt in zwei Formen auf: als langsam verlaufende **Hintergrundretinopathie** und als gefährliche **proliferative** (fortschreitende) **Retinopathie.** Die Netzhaut mit den Sehzellen kann sich durch Blutungen und Ablösung vom Hintergrund so stark verändern, daß das Auge blind wird.

Der Verlauf läßt sich durch eine Laserbehandlung aufhalten: Durch die große Hitze des Laserstrahls werden punktförmig Narben gesetzt, die die Netzhaut mit dem Hintergrund verschmelzen und den Flüssigkeitsaustausch zwischen den verschiedenen Netzhautschichten verbessern. Die Narben können zu einer leichten Beeinträchtigung des Sehvermögens führen, was aber im Vergleich zur drohenden Erblindung das kleinere Übel darstellt. Leider gibt es bis heute keine sichere medikamentöse Therapie der diabetischen Netzhauterkrankung.

Ganz anders der **Graue Star,** der auch im Gefolge einer Diabeteserkrankung auftreten kann. Er kündigt sich durch eine Trübung des Sehens an, die sich oft zuerst bei Nacht oder bei Streulicht bemerkbar macht. Ähnlich wie bei der Arteriosklerose beschleunigt der Diabetes diese typische Alterserkrankung. Die einzige sichere Behandlung ist die Staroperation, die allerdings erst bei fortgeschrittener Trübung durchgeführt wird.

Bei Diabetes ist also eine regelmäßige Kontrolle der Augen durch einen Facharzt notwendig. Dabei empfiehlt sich auch eine Dokumentation des Zustands der Netzhaut mit Hilfe der **Fundusfotografie,** bei der der Augenhintergrund mit einer speziellen Fotokamera aufgenommen wird.

Solange keine Augenschäden oder Sehprobleme bestehen, sollte die Kontrolle jährlich erfolgen, ansonsten in kürzeren Abständen, die der Augenarzt festlegt.

Nephropathie: die diabetische Nierenerkrankung

Zur diabetischen Nierenerkrankung zählen die typischen **Veränderungen im Kapillarnetz der Nieren** und **die durch häufige Harnwegsinfekte zusätzlich ausgelösten Veränderungen** im Nierengewebe.

Die Veränderungen der kleinen Gefäße betreffen die Glomeruli, das Filtersystem der Niere. Hier kommt es zu den beschriebenen Membranschäden und damit zur Störung der Filterfunktion. Die Nieren werden durchlässig für Eiweiß, das normalerweise im Blut zurückgehalten wird; und durch die Gewebsveränderungen entsteht ein Bluthochdruck. Nierenschädigung ist eine der wichtigsten Folgekrankheiten des Diabetes, die das Leben eindeutig verkürzt. Bei einer schweren fortgeschrittenen Nierenschädigung wird schließlich die Dialyse (Blutwäsche mit Hilfe einer Maschine) oder sogar eine Nierentransplantation notwendig.

Frühdiagnostik und rechtzeitige Behandlung

In den letzten Jahren wurden Methoden entwickelt, die eine recht präzise Aussage über Beginn und Fortschreiten einer diabetischen Nephropathie erlauben.

Der wichtigste Test ist die **Bestimmung von Albumin, einem im Blut reichlich vorhandenen Protein, im Urin.** Eine erste Störung der Nierenfunktion läßt sich an Spuren von Albumin im Harn nachweisen (Mikroalbuminurie); hier zeigt sich also die beginnende Durchlässigkeit des Filterapparates der Nieren für Eiweißkörper. Für die Bestimmung von Albumin im Urin gibt es neuerdings auch Teststreifen. Die Zunahme des Albumins im Urin verläuft parallel zu der Verschlechterung der Nierenfunktion im Rahmen des Fortschreitens der diabetischen Nierenerkrankung. In spezialisierten Diagnosezentren werden neben dem Albumin auch andere Eiweißkörper im Urin bestimmt, die eine relativ präzise Aussage über das Stadium der Nierenerkrankung erlauben.

Warum ist diese Aussage besonders wichtig? Man könnte sich ja auf den Standpunkt stellen, daß man besser nichts über den Zustand der Nieren erfährt, da der Prozeß ja doch nicht aufzuhalten ist. Gerade dies ist aber nicht der Fall: Die Untersuchungen der letzten Jahre haben gezeigt, daß eine frühe Behandlung die Entwicklung der Nephropathie ganz erheblich positiv beeinflußt. **Es ist also wichtig, bei jeder Diabetesform in halbjährlichen Abständen eine Urin-Eiweiß-Analyse durchzuführen.** Da sich eine Störung der Nieren in einem Blutdruckanstieg zeigen kann, ist zusätzlich eine **regelmäßige Blutdruckkontrolle** besonders wichtig. Es besteht kein Zweifel, daß die Nierenschädigung bei milderen, nur mit Tabletten eingestellten Diabetesformen im höheren Alter ebenso fortschreiten kann wie bei einem jungen Patienten mit Typ-I-Diabetes. Eine eingehende Diagnostik ist deshalb auch bei dieser Altersgruppe notwendig.

Wo liegen die **Behandlungsmöglichkeiten?** Der wichtigste Ansatzpunkt ist eine rechtzeitige optimale Kontrolle des Stoffwechsels, die mit großer Wahrscheinlichkeit die Entwicklung einer Nierenschädigung von vornherein verhindern kann. Kommt es dennoch zu einer Nephropathie, muß folgendes beachtet werden: Stabilisierung des Blutdrucks in einem engen Bereich, Reduktion der Eiweißzufuhr und frühzeitige Behandlung von Harnwegsinfekten. Es gilt als erwiesen, daß sich bestimmte blutdrucksenkende Medikamente wie ACE-Hemmer besonders günstig auf die diabetische Nierenschädigung auswirken.

Neben der Entwicklung der diabetischen Nephropathie im engeren Sinne (Glomerulosklerose) finden sich auch Nierenschäden durch Bluthochdruck und häufige Harnwegsinfekte. Bei den **Symptomen eines Harnwegsinfektes,** die sich mit häufigem Wasserlassen und Harndrang, Brennen beim Wasserlassen und Rückenschmerzen andeuten, muß der Arzt baldmöglichst informiert werden. Harnwegsinfekte kommen bei Frauen häufiger vor, da sie eine kürzere Harnröhre haben und eher aufsteigenden Infektionen ausgesetzt sind. Sie sollten deshalb vermehrten Wert auf genitale Hygiene legen.

Eine gewisse Infektgefährdung stellt sich auch beim älteren Mann ein, wenn eine Prostatavergrößerung zu Restharn in der Blase führt. Gerade bei Diabetes sollte man die damit verbundenen Störungen beim Wasserlassen nicht als naturgegeben hinnehmen, sondern mit dem Arzt die notwendige Diagnostik und die entsprechenden Maßnahmen besprechen.

Makroangiopathie: die Erkrankung der großen Gefäße

Die Arterienverkalkung (Arteriosklerose) ist ein natürlicher Prozeß der Gefäßalterung, der zu einem gewissen Grad bei jedem Menschen zu beobachten ist. Zu einem Problem wird die Arteriosklerose, wenn sie zu echten Durchblutungsstörungen an lebenswichtigen Organen führt. Gefäßverschlüsse aufgrund von Arteriosklerose sind besonders im Bereich des Herzens (Herzinfarkt) und des Gehirns (Schlaganfall) lebensbedrohend. Aber auch eine arterielle Verschlußkrankheit im Bereich der Beine kann zu Behinderung, schweren Schmerzen und schließlich zur Amputation führen. Die Arteriosklerose der Gefäße wird durch eine

Reihe von Faktoren begünstigt, die als **Risikofaktoren** bezeichnet werden. Bei der Untersuchung großer Bevölkerungsgruppen konnte man eine auffällige Häufung solcher Risikofaktoren bei Herzinfarkt oder Schlaganfall beobachten.

Dabei zeigte sich, daß auch der Diabetes in allen seinen Formen ein Risikofaktor ist. Zunächst beweist das gehäufte Auftreten einer arteriosklerotischen Verschlußkrankheit bei Diabetes nicht unbedingt, daß die Stoffwechselstörung die Ursache der Arteriosklerose ist. Für einen solchen kausalen Zusammenhang gibt es aber heute eine Fülle von experimentellen und klinischen Beobachtungen. Nach dem jetzigen Stand der Dinge spielen dabei die durch die Zuckerkrankheit verursachte Störung des Fettstoffwechsels, die Verzuckerung von Eiweißmolekülen in den Gefäßwänden und die Störung von bestimmten Gerinnungsfaktoren eine Rolle. Der Diabetes ist häufig mit anderen Risikofaktoren verknüpft, die zum Teil vom Patienten mitverantwortet werden, zum Beispiel Rauchen oder Übergewicht.

Je mehr Risikofaktoren zusammentreffen, desto eher kommt es zur Erkrankung der großen Gefäße. Aus der Liste der Risikofaktoren wird auch deutlich, wie sehr die Arteriosklerose eine Zivilisationserkrankung ist, die in der Überflußgesellschaft der westlichen Industrienationen die wichtigste Todesursache darstellt.

Risikofaktoren, die die Wahrscheinlichkeit für eine Arteriosklerose erhöhen
Vererbte Veranlagung
Stoffwechselstörungen, zum Beispiel Diabetes
Fehlernährung, Übergewicht
Bluthochdruck
Rauchen
Streß
Bewegungsmangel

Herzkrankheiten bei Diabetes

Beide Formen des Diabetes, Typ I und Typ II, führen vor allem dann, wenn die Stoffwechseleinstellung über Jahre schlecht gewesen ist, zu einer Beschleunigung der Arteriosklerose. Ihre gefährlichste Ausprägung ist die koronare Herzerkrankung, die Verkalkung der Herzkranzgefäße mit einer Einengung des Gefäßquerschnitts. Hat diese Einengung einen kritischen Punkt erreicht, kommt es zu Durchblutungsstörungen des Herzmuskels, die anfallsweise auftreten und dann Druck oder Schmerzen verursachen. Diese Krankheit ist unter dem Begriff **Angina pectoris** bekannt. Die Symptome sind gleichzeitig als Warnung vor einem drohenden Herzinfarkt zu sehen.

Herzinfarkte entstehen dadurch, daß sich an den Engstellen Blutgerinnsel auf die veränderte Gefäßinnenwand setzen und damit das Gefäß verschließen. Das von dem Herzkranzgefäß versorgte Muskelgebiet verliert seine Sauerstoffzufuhr und geht innerhalb weniger Minuten zugrunde (Infarkt).

Beim Diabetes wird das Problem durch die Neuropathie zusätzlich verschärft: Sind die schmerzleitenden Nerven geschädigt, fehlt das Warnsignal der Angina pectoris, und sogar ein Herzinfarkt kann ohne Schmerzsymptome unbemerkt verlaufen (stummer Infarkt). Das Ereignis läßt sich dann nur durch andere Symptome wie Stoffwechselentgleisung, Atemnot oder Herzversagen erkennen.

Da der Typ-II-Diabetes häufig mit mehreren anderen Risikofaktoren vergesellschaftet ist (Bluthochdruck, Fettstoffwechselstörungen, Übergewicht usw.), besteht hier für die Betroffenen ein besonderes Risiko für die Entstehung von Herzerkrankungen.

Beim Rauchen sind sowohl das Nikotin (gefäßverengende Wirkung) als auch die inhalierten Schadstoffe gefährlich; ein Diabetiker sollte also bereits nach der Diagnosestellung und nicht erst beim Auftauchen von Herzbeschwerden mit dem Rauchen aufhören!

Wie kann man eine Erkrankung der Herzkranzgefäße erkennen?

Typische Anzeichen sind Druck auf der Brust und Schmerzen hinter dem Brustbein, die in den Arm, den Rücken und den Hals ausstrahlen können. Die Beschwerden treten vor allem bei Belastung auf, sie können aber – wie gesagt – auch ganz fehlen.

Eine Angina pectoris läßt sich meist mit gefäßerweiternden Mitteln behandeln.

Bei Verdacht auf eine Herzerkrankung sollte ein Belastungs-EKG durchgeführt werden. Spezielle kardiologische Untersuchungsmethoden geben dann genaue Auskunft über die Gefäßverengung. Mit Hilfe eines Herzkatheters, der über eine große Ader bis zum Herz vorgeschoben wird, kann eine Verengung lokalisiert und erweitert oder die Indikation für eine Bypaß-Operation gestellt werden.

Diabetes und Bluthochdruck

Etwa die Hälfte aller Patienten mit Diabetes hat gleichzeitig einen Bluthochdruck. Von der Kombination aus Hochdruck und Diabetes sind besonders die Nieren bedroht, so daß das Fortschreiten der diabetischen Nephropathie sehr stark vom Hochdruck abhängig ist. Hochdruck begünstigt aber auch die Entstehung von Schlaganfall und arterieller Verschlußkrankheit, vor allem in den Beinarterien, die sich an den Engstellen durch Blutgerinnsel (sogenannte Thromben) verschließen können.

Aus den genannten Gründen ist es wichtig, bei Diabetes sehr früh den Hochdruck zu behandeln, wobei sehr enge Grenzen gelten: für den **systolischen Druck maximal 140,** für den **diastolischen Druck maximal 90 mm Hg.** Läßt sich bereits eine Nierenschädigung erkennen, so muß der Druck – vor allem bei jüngeren Patienten – noch weiter gesenkt werden.

Arterielle Verschlußkrankheit und Schlaganfall

Im Zuge der beschleunigten Arteriosklerose können die Hals- und Kopfgefäße oder die Arterien des Beins bevorzugt betroffen sein. Aus der Beobachtung von Störungen in einem Gefäßgebiet läßt sich zwar nicht automatisch auf Engstellen in einem anderen Gefäßgebiet schließen, dies ist jedoch sehr wahrscheinlich.

Schlaganfälle können sich durch kurzzeitige Lähmungen, Sprachstörungen oder Schwindelzustände ankündigen.

Eine **Verengung der Beinarterien** erkennt man an der Verkürzung der Gehstrecke durch Schmerzen, die in den Waden auftreten und die den Patienten zum Stehenbleiben zwingen (sogenannte Schaufensterkrankheit).

Verengungen der Gefäße lassen sich heute sehr gut mit den unblutigen Methoden der Ultraschallsonographie darstellen und orten. Man kann sie dann durch Ballonkatheter aufweiten oder operativ mit Gefäßprothesen oder einem Bypaß versorgen.

Das metabolische Syndrom oder das tödliche Quartett

In den letzten Jahren haben sich Stoffwechselkliniker gefragt, warum die Risikofaktoren Diabetes, Fettstoffwechselstörungen, Bluthochdruck und Übergewicht so häufig zusammen auftreten und dann zu den lebensbedrohlichen Gefäßerkrankungen führen.

Eine Theorie besagt, daß es eine angeborene Neigung zu diesen Störungen geben muß, denen ein einziger Defekt zugrunde liegt, nämlich die Insulinresistenz. Wenn sich im Laufe des Lebens eine Insulinresistenz entwickelt, könnte diese zu den anderen Symptomen des metabolischen Syndroms führen.

Ein frühes Merkmal für das metabolische Syndrom scheint ein eher männlicher Fettverteilungstyp zu sein: Deutlich ausgeprägter Bauchansatz mit vermehrtem Fettansatz in der Bauchhöhle, wobei die Hüften relativ schlank bleiben.

i n f o

Da sich Bluthochdruck, Übergewicht und Fettstoffwechselstörungen meist vor dem Diabetes Typ II einstellen, ist die Behandlung mit Diät, Gewichtsabnahme und körperlichem Training bereits in diesem Frühstadium sehr wichtig, um den Anstieg der Blutzuckerwerte und die Arteriosklerose zu vermeiden.

Läßt sich Arteriosklerose rückgängig machen?

Es gibt in der Tat einige Studien, die gezeigt haben, daß sich durch eine starke Senkung der Blutfettwerte arteriosklerotische Veränderungen in den Gefäßen rückgängig machen lassen. Das bedeutet, daß die ersten Anzeichen einer Verschlußkrankheit kein Grund zur Resignation sind, sondern daß gerade jetzt alles getan werden muß, um „das Steuer herumzureißen". Selbst wenn sich die arteriosklerotischen Ablagerungen nicht ganz beseitigen ließen, wäre bereits das Anhalten des fortschreitenden Prozesses ein erheblicher Erfolg, der die Lebensqualität ganz enorm steigert!

Diagnostik der Makroangiopathie

Als erstes Verfahren wird man ein **Belastungs-EKG** wählen, mit dem sich Durchblutungsstörungen nach körperlicher Belastung auf einem Fahrradergometer oder einem Laufband

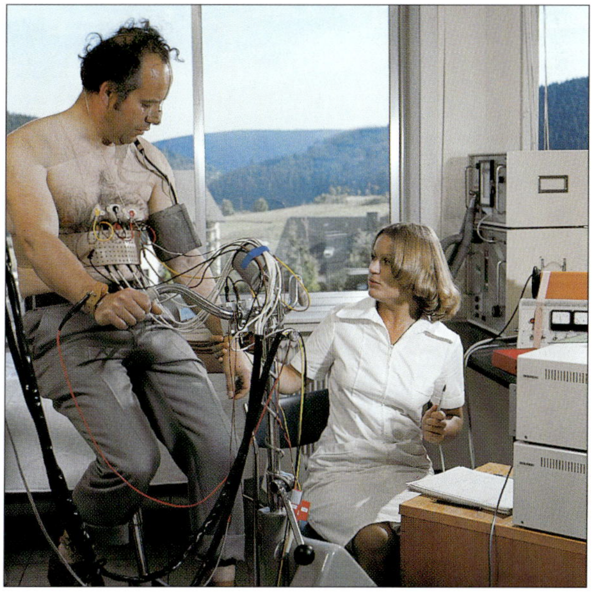

Belastungs-EKG auf dem Fahrradergometer

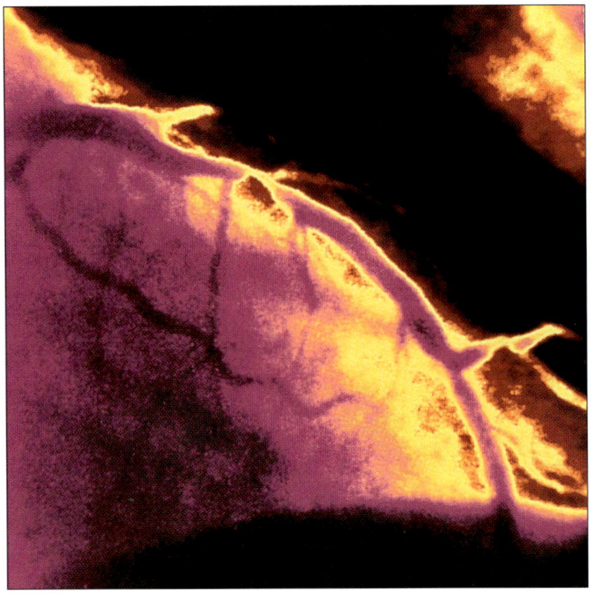

Mit der Koronarangiographie lassen sich Verengungen der Herzkranzgefäße genau lokalisieren und darstellen

i n f o

Zur regelmäßigen Kontrolle der arteriosklerotischen Veränderungen bei Diabetes mellitus gehören:

- die Messung des Blutdrucks
- die Bestimmung der Blutfettwerte (inclusive der verschiedenen Fraktionen)
- die Messung des Harnsäurewerts

anhand der Erregungskurven der aufgezeichneten Herzströme nachweisen lassen.

Ein **Ruhe-EKG** ohne körperliche Anstrengung ist also zum Ausschluß von Durchblutungsstörungen des Herzens nicht ausreichend, und selbst das Belastungs-EKG läßt keine 100%ig sichere Aussage zu.

Arteriosklerotische Veränderungen an den Herzkranzgefäßen lassen sich direkt nur durch eine **Koronarangiographie** darstellen: Über einen Herzkatheter werden die Herzkranzgefäße mit einem für Röntgenstrahlen undurchlässigen Kontrastmittel gefüllt, so daß sie sich am Bildschirm abbilden lassen.

Eine solch intensive Diagnostik ist natürlich nur dann berechtigt, wenn ein begründeter Verdacht auf Engstellen besteht.

Veränderungen an den Arterien zur Versorgung des Gehirns lassen sich mit Hilfe der **Doppler-Sonographie** darstellen, die mit Ultraschallwellen arbeitet. Man kann Engstellen erkennen, aber eine Aussage über drohende Verschlüsse im Bereich des Gehirns selbst ist damit nicht möglich. Dagegen ermöglicht dieses Verfahren eine sehr präzise Diagnose der Durchblutungsverhältnisse im Bereich der Arme und Beine: Gefäßengen können unter ständiger Kontrolle mit Hilfe von Ballonkathetern aufgeweitet werden.

Für die Untersuchung der Durchblutung im Gehirn selbst stehen verschiedene bildgebende Verfahren zur Verfügung (Computertomographie, Kernspinresonanzspektrometrie usw.), die hier nicht weiter vorgestellt werden sollen.

Der diabetische Fuß

Die Füße sind vor allem beim Typ-II-Diabetes gefährdet, aber auch Typ-I-Diabetiker sollten ihren Füßen besondere Aufmerksamkeit widmen. Eines der Ziele der St.-Vincent-Deklaration zu den vorrangigen Therapiezielen bei Diabetes ist die Reduktion der Amputationsrate durch Vorbeugungsmaßnahmen.

i n f o

Vorbeugungsmaßnahmen und Fußpflege

- Sorgen Sie für gut passendes, bequemes und luftiges Schuhwerk mit flachen Sohlen. Turnschuhe oder Gummistiefel, die die Schweißbildung fördern, sollten Sie nur solange wie nötig anbehalten.
- Kontrollieren Sie immer mit einem Thermometer die Dusch- oder Badewassertemperatur, mehr als 35° C sollten es nicht sein.
- Vermeiden Sie wegen der Verletzungs- und Infektionsgefahr das Barfußlaufen im Freien.
- Waschen Sie Ihre Füße möglichst täglich, und trocknen Sie sie gut ab. Achten Sie dabei auf kleine Hautrisse oder Verletzungen, und pudern Sie die Füße schließlich ein. Wenn die Haut trocken und rissig ist, können Sie sie mit einer Fettcreme behandeln.
- Schneiden Sie die Zehennägel nur nach dem Baden, wenn die Haut aufgeweicht ist, und nicht zu kurz. Folgen Sie mit der Nagelschere der natürlichen Kontur des Nagels, und achten Sie darauf, das Nagelbett vor allem seitlich nicht zu verletzen.
- Lassen Sie auch kleinere Hautdefekte immer frühzeitig von einem Arzt untersuchen und behandeln.

Die Füße sind durch eine Kombination von zwei Komplikationen des Diabetes gefährdet: die Neuropathie und die arterielle Verschlußkrankheit.

Die **Neuropathie der Füße** führt zu einem Verlust der normalen Sinnesempfindungen. Bei intakter Sensibilität wird eine unnatürliche Temperatur- oder Druckbelastung schnell registriert und korrigiert. Diese Korrekturen bleiben aus, wenn durch die Neuropathie das Schmerz- und Druckempfinden gedämpft oder ganz verlorengegangen ist.

Gleichzeitig führt die Neuropathie zu einer erhöhten Empfindlichkeit der Haut gegenüber Temperaturerhöhung und Druck: Eine Wärmflasche, die von einem Gesunden gerade noch vertragen wird, kann bei einem Diabetiker bereits zu Brandblasen führen. Zu heißes Badewasser, der Kontakt mit einem Heizkörper oder ähnliche Belastungen rufen bereits schwere Verbrennungen hervor. Unpassendes Schuhwerk erzeugt Druckstellen, die sich zunächst durch eine stärkere Hautverhornung ankündigen. Bei weiterem Druck entstehen Geschwüre, die bis zu den Sehnen und Knochen in die Tiefe gehen können. Durch Risse in der Haut dringen Bakterien ein, die einen trockenen oder feuchten Wundbrand (Gangrän) verursachen. Schließlich stirbt das Gewebe ab, der Fuß kann dann nicht mehr erhalten werden.

Die Auswirkungen der Neuropathie werden durch eine gleichzeitige **Verschlußerkrankung** verstärkt, da wegen der Durchblutungsstörungen das betroffene Gewebe nicht mehr ausreichend versorgt wird, und Maßnahmen wie die Gabe von Antibiotika ihre Wirkung verlieren, wenn die Medikamente nicht mehr bis zum Ort der Infektion transportiert werden können.

LEBEN MIT DIABETES

Natürlich bringt eine chronische Stoffwechselstörung wie Diabetes mellitus viele Veränderungen im täglichen Leben mit sich. Da ist zum einen die psychische Belastung durch Selbstkontrollen, Ernährungsumstellung, Arztbesuche, Reaktionen aus Freundeskreis und Familie usw., zum anderen tauchen plötzlich Fragen auf, an die man vorher keine Gedanken verschwendet hat, zum Beispiel: „Darf ich denn jetzt noch Autofahren?“ oder „Kann ich mit dem Diabetes noch Nachtschichten arbeiten?“ Auf alle diese Fragen werden wir in den folgenden Kapiteln eingehen und zeigen, wie man mit den neuen Lebensumständen umgehen kann.

Psychische Probleme

Es ist immer schwierig, wenn man aus der gewohnten Routine herausgerissen wird und sich plötzlich zwangsweise mit veränderten Lebensbedingungen anfreunden muß. Aber Diabetes ist ja oft auch eine Folge ungesunder Lebensgewohnheiten. Nutzen Sie also diese Alarmmeldung des Körpers, um Ihren Alltag neu zu gestalten und mehr für die Gesundheit zu tun! Sie haben jetzt die Gelegenheit und einen triftigen Anlaß, um wieder aktiv zu werden und das Leben ganz bewußt zu genießen.

Der Schock nach der Diagnose Diabetes

Für jeden Menschen ist der Beginn einer chronischen Erkrankung ein einschneidendes Ereignis. Wie bei anderen Schicksalsschlägen muß man sich mit der Diagnose auseinandersetzen, die Tatsache verarbeiten und lernen, mit dem Problem zu leben. Es stellen sich die Fragen: Warum hat es ausgerechnet mich getroffen? Wird die Krankheit mein Leben verändern oder gar verkürzen?

Man muß das Unvermeidliche annehmen und lernen, damit umzugehen. Die Verarbeitung dieses Problems braucht viel Zeit und seelische Energie. Man muß sich aber von vornherein von dem Gedanken frei machen, daß die Krankheit eine Schwäche, einen Makel darstellt. Sie ist auch nicht immer selbst verschuldet, denn bei Typ-I-Diabetes kann von einem Einfluß der Lebensführung auf das Auftreten der Krankheit nicht die Rede sein. Dort, wo der Diabetes in Familien auftritt, wird es leichter fallen, die Diagnose anzunehmen. Hier finden sich auch Beispiele, wie man die Probleme meistern kann.

Seelische Probleme sind also unvermeidlich, und man sollte sich nicht scheuen, bei einem verständnisvollen Arzt oder Therapeuten Hilfe zu suchen. Ich sage meinen Patienten folgendes: Durch die Autoimmunerkrankung ist die Fähigkeit ausgefallen, ausreichend und rechtzeitig Insulin zu produzieren. Den Ausfall kann der Organismus nicht kompensieren, das lebenswichtige Hormon muß also ersetzt werden. Wenn es gelingt, den Ersatz perfekt durchzuführen, kann der Diabetiker als bedingt gesund gelten. Für diese bedingte Gesundheit gibt es viele Beispiele aus dem öffentlichen Leben, Persönlichkeiten, die sich zum Beispiel in den USA auch öffentlich als Diabetiker zu erkennen geben. Unter ihnen sind Spitzensportler mit höchster körperlicher Leistungsfähigkeit. Aus dieser Sicht verbleibt als eigentliche Belastung die notwendige Umstellung der Lebensgewohnheiten und die damit verbundene Einschränkung der Lebensqualität.

Die Belastung durch ständige Kontrollen

Wie wir heute zweifelsfrei wissen, läßt sich durch eine optimale Stoffwechselführung sowohl eine Primär- als auch eine Sekundärprävention der Spätschäden erreichen. Primärprävention heißt von vornherein Verhinderung, Sekundärprävention eine Verhinderung des Weiterschreitens, ja sogar ein Rückgängigmachen der Spätkomplikationen. Dies bedeutet ein enormes Maß an Verantwortung, die sich der Betroffene mit dem Therapeuten in etwa teilen muß. Es bedeutet aber auch, daß die Einschränkungen, die sich der Diabetiker auferlegt, wirklich sinnvoll und erfolgversprechend sind.

Niemand bezweifelt die Belastung, die die tägliche Selbstverletzung durch Blutzuckermessen und Insulinspritzen und der Verzicht auf bestimmte gastronomische Genüsse mit sich bringen. Man wird gelegentlich den Drang verspüren, diese Einschränkungen als von fremder Seite auferlegt zu betrachten, und sie in einem Akt der Rebellion durchbrechen. Merkwürdigerweise wird bei Diätfehlern oft der Begriff der „Sünde" gebraucht. Dieser Begriff weist auf die heimliche Befriedigung hin, etwas Verbotenes getan zu haben, wie bei einem Seitensprung, der durch das Tabu erst interessant wird. Hier ist Vorsicht am Platze: der Arzt darf nicht in die Rolle des Gesetzeshüters oder des Beichtvaters gedrängt werden, und er kann auch nur einen Teil der Verantwortung übernehmen; in erster Linie ist er beratender Partner der Patienten.

Seelische Störungen bei Diabetes

Aus der Notwendigkeit zur ständigen Selbstkontrolle können sich seelische Störungen entwickeln. Dazu gehören zum Beispiel Eßstörungen mit Attacken von ungehemmter Freßlust bis hin zur ausgeprägten Bulimie bzw. Bulivomie, also Anfälle ungezügelten Essens mit anschließend selbst ausgelöstem Erbrechen.

Manche Kinder und Jugendliche haben herausgefunden, daß sie ihre Umgebung mit dem Diabetes manipulieren können. Sie produzieren absichtlich Hypoglykämien, um aus unangenehmen Situationen, zum Beispiel in der Schule, herauszukommen; oder sie versuchen, durch selbstgemachte Stoffwechselschwankungen die Zuwendung anderer Personen zu erzwingen. Kinder und Jugendliche können durch falsche Protokolle eine perfekte Stoffwechseleinstellung vortäuschen, während sie in Wirklichkeit völlig entgleist sind, was sich durch die Messung des HbA_{1c} schließlich herausstellt.

Nach langen Jahren mit Diabetes kann sich ein Gefühl der Hoffnungslosigkeit einstellen („Es hat ja doch alles keinen Sinn."), vor allem dann, wenn sich Anzeichen von Spätschäden bemerkbar machen. Es handelt sich um Zustände einer depressiven Verstimmung, die in schweren Fällen einer Therapie bedürfen.

Notwendige Einschränkungen

Diabetesdiät und **Muskeltraining** müssen zu einem normalen Bestandteil des Lebens werden. Dazu kommt der Appell an Übergewichtige, das **Idealgewicht** anzustreben.

Ein besonders wichtiger Punkt ist das **Rauchen.** Gefährdet sind in erster Linie Zigarettenraucher, die 5 oder mehr Zigaretten täglich rauchen. Die Diagnose Diabetes muß ein Anlaß sein, das Rauchen aufzugeben. In erster Linie das inhalierende Zigarettenrauchen, aber auch Zigarren- und Pfeifenrauchen erhöhen das Risiko für Herz- und Gefäßkrankheiten. In der Kombination mit Diabetes, Übergewicht und Fettstoffwechselstörungen kann es sich katastrophal auswirken. Dabei ist nicht vorauszusehen, welches Gefäßgebiet am stärksten betroffen sein wird, das heißt, ob eher ein Herzinfarkt oder eine arterielle Verschlußkrankheit der Beine auftritt. **Rauchen ist der einzige Risikofaktor, dessen Vermeidung völlig in der Hand des Patienten liegt.**

Aktives Körpertraining

Bewegungsübungen sind eine wichtige Ergänzung der Behandlung, besonders bei Typ-II-Diabetes, denn sie fördern die Kontrolle von Stoffwechsel und Gewicht. Es ist erwiesen, daß sich körperliches Training günstig auf die

Risikofaktoren auswirkt, die zu Herz- und Kreislauferkrankungen führen. Dazu gehört vor allem der Abbau von Blutfetten, die ja bei der Entstehung dieser Erkrankungen eine wichtige Rolle spielen. Körperliche Aktivität erhöht die Menge an HDL-Cholesterin im Blut, der günstigen Cholesterinfraktion, die vor Herzerkrankungen schützt. Regelmäßiges Training reduziert auch den Blutdruck, der bei der Entstehung diabetesbedingter Gefäßerkrankungen einen wichtigen Anteil hat. **Bei Typ-II-Diabetes kann regelmäßiges Training in Verbindung mit einer entsprechenden Diät eine Behandlung mit Medikamenten überflüssig machen.**

Ein gewisses Muskeltraining ist für jedes Lebensalter empfehlenswert, allerdings muß die Intensität dem Alter und dem Gesundheitszustand angepaßt werden. Vor Beginn eines Trainingsprogrammes ist es wichtig, den Rat des Arztes einzuholen. Dies betrifft besonders den Zustand des Herzens und der Koronararterien, den Blutdruck und etwaige diabetische Folgeerkrankungen. So können sich Augen-, Nieren- oder Nervenschädigungen durch zu große Belastungen verschlechtern; akute Anstrengungen können zum Beispiel in einer vorgeschädigten Netzhaut zu Blutungen führen. Bei schwerer Neuropathie kann schon ein Dauerlauf in ungeeignetem Schuhwerk Blasen hervorrufen, die dann zu Eintrittspforten für gefährliche Infektionen werden. Wenn also die medizinischen Vorbedingungen geklärt sind, können Sie ohne Risiko an ein Übungsprogramm gehen.

i n f o

Tips für ein sinnvolles Training

1. Suchen Sie sich eine Sportart aus, die Ihnen Spaß macht, es soll keine Pflichtübung sein.
2. Übungspartner oder eine Gruppe können die Freude an den Übungen vergrößern und Sie zum Weitermachen motivieren.
3. Nehmen Sie ausreichend Flüssigkeit zu sich.
4. Kontrollieren Sie vor, während und nach dem Sport Ihren Blutzucker, um den Einfluß der Übungen auf die Stoffwechselregulation kennenzulernen.
5. Üben Sie möglichst immer während der gleichen Tageszeit
6. Sparen Sie nicht an den Sportschuhen. Blasenbildung und Druckstellen müssen unbedingt vermieden werden.

Dauer und Häufigkeit der Übungen

Wenn Sie noch untrainiert sind, beginnen Sie in den ersten Wochen mit Einheiten von jeweils 10–15 Minuten. Steigern Sie zuerst die Dauer der Bewegung, dann die Intensität. Die übliche Dauer einer Trainingseinheit liegt dann bei 20–30 Minuten.

Der Trainingseffekt wirkt sich nur bei regelmäßiger Wiederholung der sportlichen Aktivitäten aus. Ein wirksames Übungsprogramm erfordert deshalb 3–4maliges Üben pro Woche und besteht aus drei Abschnitten: Aufwärm-, Trainings- und Abkühlphase.

Hauptbestandteil der **Aufwärmphase** sind Dehnungsübungen. Ein richtig durchgeführtes Dehnen aller wichtigen Muskelgruppen kann Verletzungen, Muskelkater und Krämpfen vorbeugen.

Nach jeder Dehnübung sollten Sie die Muskeln durch Ausschütteln oder leichte Bewegung ohne Anspannung lockern.

Welche Sportarten sind für das Aufbautraining empfehlenswert?

Rasches Gehen, Dauerlauf (Jogging), Fitneßtraining, Radfahren und Schwimmen sind besonders geeignet. Genauso gut sind auch Trainingsgeräte wie ein Standrad, ein Ruderapparat oder ein Minitrampolin. Grundsätzlich sollten möglichst viele verschiedene Muskelgruppen bewegt werden.

In der **Abkühlungsphase** soll die Herzfrequenz allmählich verringert werden. Sie können einen kurzen Spaziergang machen oder wieder einige Dehnungsübungen mit anschließender Muskellockerung durchführen.

info

Regeln für ein sinnvolles Aufbautraining

- **Herzfrequenz:**
  Während des Trainings immer wieder den Pulsschlag am Handgelenk messen: 15 Sekunden lang mitzählen und anschließend mit 4 multiplizieren ergibt die Pulszahl pro Minute.
- Die **höchste zulässige Schlagfolge** kann man in etwa ermitteln, indem man von der Zahl 220 das eigene Alter abzieht. Für einen 50jährigen gilt demnach eine maximale Herzfrequenz von 170 Schlägen pro Minute.
- Der **Zielbereich der Herzfrequenz** liegt – nach einer behutsamen Startphase von einigen Wochen – für 20–30minütige Übungen zwischen 70 und 85% der maximalen Herzfrequenz.
- **Atemfrequenz**:
  Man sollte niemals außer Atem kommen. Solange Sie während der Übungen noch eine kleine Unterhaltung führen können, trainieren Sie richtig.

Kleines tägliches Gymnastikprogramm

Viele Typ-II-Diabetiker bewegen sich nur wenig und verbringen den größten Teil des Tages sitzend. Wenn Sie zu dieser Gruppe gehören und sich abends trotz der geringen Belastung abgeschlagen und erschöpft fühlen oder Probleme mit der Verdauung haben, liegt das an dem alten Spruch „Wer rastet, der rostet.“:

- Die Ruhigstellung des Körpers läßt den Stoffwechsel „auf kleiner Flamme brennen“ und schwächt die Leistungsfähigkeit des Kreislaufs. Auch die Verdauung ist deutlich verlangsamt.
- Muskeln und Gelenke werden nicht genügend beansprucht, sie erschlaffen und werden steifer, was zu Einschränkungen der Beweglichkeit führt.
- Ständig gleichbleibende Körperhaltungen verursachen Muskelverspannungen, was zum Beispiel zu Nacken-, Schulter- oder Rückenschmerzen führt.
- Wegen der nur sehr oberflächlichen Atmung wird der Körper unzureichend mit Sauerstoff versorgt. Dieser Punkt ist hauptsächlich für die dauernde Müdigkeit und Antriebslosigkeit verantwortlich.

Überlegen Sie einmal, ob Sie sich nicht einen Hund anschaffen wollen. Wer täglich ein- bis zweimal mit dem Hund spazierengehen muß, leidet fast nie unter Bewegungsmangel!

Für alle Menschen, die nicht die Verantwortung für so ein Haustier übernehmen können, möchte ich einige leichte Gymnastikübungen anbieten, die Sie jederzeit zu Hause – bei gutem Wetter natürlich auch im Freien – durchführen können.

Wenn Sie täglich nur 15 bis 20 Minuten Gymnastik fest in Ihre Tagesroutine aufnehmen, helfen Sie Ihrem Körper schon deutlich auf die Sprünge.

Tägliche Spaziergänge an der frischen Luft fördern die Durchblutung

ÜBUNG 1

Ausgangsposition: Stand mit geschlossenen Beinen, Arme seitlich am Körper baumeln lassen.

- Den linken Unterschenkel nach hinten hochschlagen, mit der linken Hand den linken Fußspann ergreifen, den Fuß an das Gesäß heranziehen, einige Sekunden unter Spannung halten und dabei ruhig weiteratmen.

Bei Problemen mit dem Gleichgewicht anfangs den rechten Arm zum Balancieren nach vorne ausstrecken oder mit der rechten Hand auf einer Stuhllehne oder am Türrahmen abstützen.

Den linken Fuß wieder loslassen und die gleiche Bewegung mit dem rechten Unterschenkel ausführen.

Übung mit jedem Bein noch viermal wiederholen.

ÜBUNG 2

Ausgangsposition: Stand mit geschlossenen Beinen, die Arme nach oben gestreckt.

▶ Tief einatmen. Nun den Oberkörper und die Knie leicht einbeugen, dabei beide Arme parallel nach unten und im Bogen am linken Bein vorbei weit nach hinten ausschwingen und ausatmen.
Arme mit der gleichen Bewegung wieder nach oben schwingen, dabei Beine durchstrecken, tief einatmen und den Oberkörper aufrichten.
Jetzt die Arme hinter das rechte Bein ausschwingen.
Die Übung noch viermal wiederholen.

ÜBUNG 3

Ausgangsposition: Stand mit geschlossenen Beinen, die Hände in der Hüfte einstützen.

▶ Einatmen, mit dem rechten Bein schnell einen weiten Ausfallschritt zur Seite machen, Gewicht auf dem linken Bein lassen und dabei ausatmen.
Nur kurz mit den Zehenspitzen auftippen und beim Anziehen des Beins einatmen.
Übung noch viermal zu jeder Seite wiederholen.

ÜBUNG 4

Ausgangsposition: Stand mit geschlossenen Beinen, die Arme locker an den Körperseiten hängen lassen.

▶ Einatmen, das rechte Bein im Knie anwinkeln, anheben und mit beiden Händen den rechten Fuß von unten umfassen.
Den Fuß mit den Händen hochheben, bis das Knie die Schultern berührt, dabei eventuell etwas nach vorne beugen und fließend ausatmen.
Einige Sekunden so bleiben, dann den rechten Fuß wieder abstellen und die Bewegung mit dem linken Bein wiederholen.
Bei Gleichgewichtsproblemen mit dem Rücken leicht an einer Wand abstützen.
Die Übung mit beiden Beinen noch viermal wiederholen.

ÜBUNG 5

Ausgangsposition: Stand mit geschlossenen Beinen, die Arme locker seitlich hängen lassen.

▶ Einatmen, die Knie leicht beugen, den Oberkörper aus der Taille heraus nach links hinten beugen und mit der linken Hand zur linken Ferse greifen, dabei ausatmen.
Wenn möglich, linke oder sogar rechte Ferse mit den Fingerspitzen berühren.
Bewegung zur rechten Seite hin ausführen.
Bei Problemen mit dem Gleichgewicht vor dem Körper mit der freien Hand auf einer Stuhllehne abstützen.
Übung noch viermal wiederholen.

ÜBUNG 6

Ausgangsposition: Kniestand

▶ Nach vorne beugen und beide Arme durchgestreckt in Schulterbreite neben den Knien abstützen.
Einatmen, beide Beine bis zum „Katzenstand“ durchstrecken und wieder ausatmen.
Beine einwinkeln, die Knie zwischen den Händen absetzen, entspannen und einatmen.
Bewegung fünf- bis zehnmal wiederholen.

ÜBUNG 7

Ausgangsposition: Aus dem Kniestand den Oberkörper nach vorne mit durchgestreckten Armen in Schulterbreite abstützen.

▶ Das rechte Bein ausstrecken, soweit wie möglich seitlich nach vorne ziehen und mit den Augen verfolgen.
Bein wieder zurückführen und abknien.
Gleiche Bewegung mit dem linken Bein ausführen.
Abwechselnd mit jedem Bein noch viermal wiederholen.

ÜBUNG 8

Ausgangsposition: Auf dem Bauch liegend mit gewinkelten Ellenbogen die Hände unter den Schultern aufstützen.

▶ Die Arme durchdrücken, den Oberkörper dabei aufrichten, einatmen, möglichst weit über die linke Schulter schauen und zwei Sekunden so bleiben.
Den Kopf nach vorne nehmen und dabei ausatmen.
Einatmen, soweit wie möglich über die rechte Schulter nach hinten blicken, zwei Sekunden halten und ausatmend zurück in die Ausgangsposition.
Übung noch fünfmal wiederholen.

ÜBUNG 9

Ausgangsposition: Rückenlage mit angewinkelten Beinen, die Arme liegen seitlich neben dem Körper.

▶ Beide Beine hochnehmen und „Radfahren".
Wer die Bauchmuskeln besonders trainieren möchte, kann sich dabei auf den Ellenbogen abstützen oder den Oberkörper ohne Unterstützung ganz vom Boden abheben.
Zehnmal vorwärts „fahren", kurz entspannen und zehnmal rückwärts treten.

ÜBUNG 10

Ausgangsposition: Mit angewinkelten Knien sitzend die Beine mit beiden Händen umfassen.

▶ Einatmen, die Beine ausstrecken und hochnehmen, gleichzeitig die Arme nach hinten hochstrecken und ausatmen, dabei spannen sich die Bauchmuskeln.
Arme und Beine wieder in die Ausgangsposition führen, ausatmen und entspannen.
Übung noch viermal wiederholen.

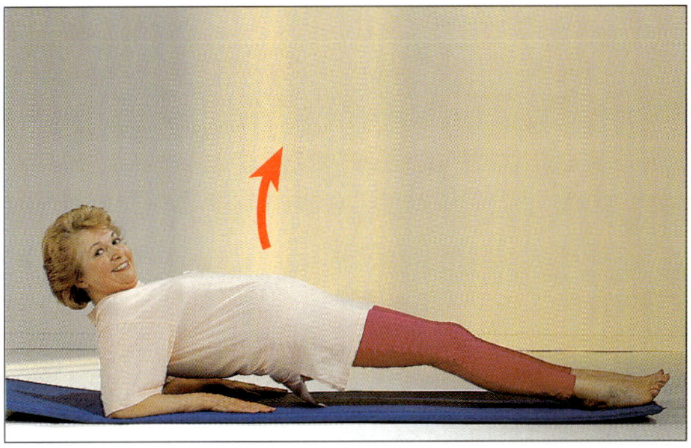

ÜBUNG 11

Ausgangsposition: Sitzen mit angewinkelten Beinen, Hände liegen neben der Sitzfläche.

▶ Einatmen, nach hinten rollen, dabei langsam die Beine nach oben über den Kopf nehmen und ausstrecken, langsam ausatmen.
Die Beine wieder anwinkeln, langsam zum Sitzen zurückrollen und einatmen.
Übung noch viermal wiederholen.

ÜBUNG 12

Ausgangsposition: Rückenlage mit angewinkelten Beinen, Füße etwa schulterbreit nebeneinander gestellt.

▶ Das linke Bein gerade hochstrecken, langsam einatmen und mit beiden Händen hinter den Oberschenkel fassen.
Das Bein mit den Händen zum Körper heranziehen, ausatmen und den Kopf anheben.
Bein wieder in Ausgangslage und Bewegung mit dem rechten Bein ausführen.
Übung noch viermal wiederholen.

ÜBUNG 13

Ausgangsposition: Rückenlage mit gestreckten Beinen, die Arme locker neben dem Körper.

▶ Den Oberkörper auf den Ellenbogen abstützen.
Durch Anspannung der Sitzmuskeln das Becken heben, dabei einatmen und intensive Spannung drei Sekunden lang halten.
Wieder absetzen, den Oberkörper weit nach vorne neigen und ausatmen.
Übung noch fünf- bis siebenmal wiederholen.

Körperhygiene und Infektionsrisiko

Bei optimaler Stoffwechselführung ist das Infektionsrisiko für Diabetiker etwa mit dem von Stoffwechselgesunden vergleichbar. Trotzdem sollte man durch eine sorgfältige körperliche Hygiene das Infektionsrisiko möglichst niedrig halten. Dies betrifft besonders **Hautinfektionen** und **Harnwegsinfekte.**

Zu den Hygienemaßnahmen gehören das tägliche Duschbad und das Eincremen trockener Haut, um Risse zu verhindern. Bei Übergewicht sind die Hautfalten bevorzugte Orte, an denen sich Pilze und Bakterien festsetzen können. Diese Hautfalten sind deshalb sorgfältig zu trocknen und zu pudern.

Kleine Hautverletzungen müssen sofort behandelt werden, am besten nach Reinigung unter fließendem Wasser mit einem farblosen Desinfektionsspray. Im weiteren Verlauf muß man auf Schwellungen und Rötungen im verletzten Gebiet achten, da sie Anzeichen für eine bestehende Infektion sind.

Erhöhte Blutglukosewerte steigern das Risiko für Karies und Zahnfleischerkrankungen. Aus diesem Grund muß die **Zahnpflege** sehr eingehend und exakt durchgeführt werden. Dazu gehört das Zähneputzen nach jeder Hauptmahlzeit und die tägliche Reinigung der Zwischenräume mit Zahnseide. Wichtig ist auch die regelmäßige Vorsorgeuntersuchung zweimal jährlich beim Zahnarzt.

Schule und Ausbildung

Es läßt sich kaum vermeiden, daß Jugendliche mit Diabetes in der Schule oder Berufsausbildung auffallen, wenn sie regelmäßig die Blutzuckerwerte bestimmen und Insulin spritzen müssen. Da „Heimlichtuerei" oft nur Vorurteile und falsche Gerüchte hervorbringt, die häufig genug zu einer gewissen Ausgrenzung führen, sollten die Betroffenen am besten offen und natürlich auf Fragen aus der Umgebung antworten, aber keine „Show" um den Diabetes machen.

Jugendliche mit Diabetes sind als gesund und normal zu behandeln, solange sie den Blutzuckerspiegel kontrollieren und den Insulinmangel richtig ausgleichen.

Das Ausbildungspersonal muß über den Diabetes unterrichtet werden. Insbesondere bei Stoffwechselinstabilität und bei gehäuftem Auftreten von Hypoglykämien muß sichergestellt werden, daß das Lehrpersonal mit den wichtigsten Gegenmaßnahmen vertraut ist. Zweifelsohne besteht die Möglichkeit, daß Kinder und Jugendliche, die in der Experimentierphase des Lebens stecken und deren Verantwortungsbewußtsein noch nicht ausgereift ist, ihre Krankheit zur Manipulation von Lehrern und Ausbildern benützen. Die Grenze zwischen bewußtem Irreführen und unverschuldetem Notfall ist sehr schwer zu ziehen und hängt ganz von den individuellen Gegebenheiten ab.

Am gemeinsamen Schulsport sollten die Jugendlichen teilnehmen, sofern keine Komplikationen zu befürchten sind. Meist finden die Betroffenen sehr schnell heraus, wie sie die verstärkte körperliche Aktivität mit einer Anpassung des Therapieschemas auffangen können.

Diabetes und Beruf

Wieder müssen wir von der grundsätzlichen Idee ausgehen, daß der Diabetiker „bedingt gesund" ist. Der Diabetes kann aber zu Einschränkungen der Arbeitsfähigkeit führen, insbesondere dann, wenn Komplikationen bestehen. Auf der anderen Seite kann auch die Art der Arbeit Rückwirkungen auf den Krankheitsverlauf ausüben. Schließlich ist für einen jungen Diabetiker die richtige Berufswahl von besonderer Bedeutung.

Diabetesbedingte Einschränkungen der Arbeitsfähigkeit

Die Fortschritte in der Diabetesbehandlung haben die Arbeitssituation entscheidend verbessert. Nahezu alle nationalen Fachgesellschaften haben Ausschüsse gebildet, die sich speziell mit den sozialen Problemen von Diabetikern beschäftigen. Diese Ausschüsse kümmern sich auch um die sozialen Rechte der Patienten und sind darauf bedacht, allzu restriktive staatliche Regelungen zu ändern.

International besteht aber Übereinstimmung darin, daß **Diabetiker nicht**

- als Piloten
- als Fahrer öffentlicher Verkehrsmittel
- in der Kontrolle von Flug-, Bahn- und Straßenverkehr
- in Berufen, die mit dem Tragen von Waffen verbunden sind

beschäftigt werden können.

Die Probleme werden in erster Linie im Auftreten von Hypoglykämien gesehen, dazu kommt die Beeinträchtigung durch mittelfristige Komplikationen wie Neuropathie, oder langfristige Komplikationen wie Retinopathie, Grauer Star oder die Komplikationen an Nieren, Herz und Kreislauf. Eine Untersuchung an Patienten mit Typ-I-Diabetes hat gezeigt, daß sie im Jahr etwa 17 Tage stationär behandelt werden müssen, daß aber nach einer guten Schulung diese Zahl auf 6 Tage pro Jahr zurückgeht. Bei gut geschulten Patienten liegt die mittlere Zahl des krankheitsbedingten Arbeitsausfalls bei 13 Tagen pro Jahr. Bei verschiedenen, vor allem in den USA durchgeführten Untersuchungen war der Krankheitsausfall wesentlich höher als bei Stoffwechselgesunden, was jedoch im wesentlichen den mittel- und langfristigen Komplikationen zuzuschreiben ist.

Berufswahl

Der Ausschuß Soziales der Deutschen Diabetes-Gesellschaft hat über die Berufswahl von Diabetikern verschiedene Verlautbarungen herausgegeben. Darin wird klargestellt, daß Diabetiker ohne schwere andere Erkrankungen oder schwere diabetische Komplikationen befähigt sind, jeden Beruf und jede Beschäftigung auszuüben, die ihren Neigungen, ihrem Talent, ihren praktischen Fähigkeiten und ihrer Ausbildung entsprechen.

Einschränkungen gründen sich vor allem auf die möglichen Gefahren, die diabetische Personen für andere in ihrer Umgebung und sich selbst bringen können, zum Beispiel durch eine Änderung der Bewußtseinslage bei Hypoglykämie oder durch die unvorhergesehene Beeinträchtigung der Arbeitskraft. Die Tabelle zeigt Berufe, die aus diesen Gründen für Diabetiker nicht geeignet sind, und Berufe, die zu empfehlen sind.

Berufe, die für Menschen mit Diabetes nicht geeignet sind
Berufe, die mit der Gefahr des Abstürzens verbunden sind: Dachdecker, Gerüstbauer etc.
Berufe, die mit akuten Unfallgefahren verbunden sind: Facharbeiter an gefährlichen Maschinen, Hochöfen etc.
Berufe, die mit der Steuerung öffentlicher Transportmittel verbunden sind: Piloten, Busfahrer, Zugführer etc.
Berufe, die mit der Steuerung des öffentlichen Verkehrs oder von Produktionsprozessen verbunden sind: Fluglotsen, Steuerung von Arbeitsabläufen in Kraftwerken oder in der Schwerindustrie etc.
Berufe, die mit dem Umgang mit Feuerwaffen verbunden sind: Polizei, Heer etc.

Berufe, die für Menschen mit Diabetes zu empfehlen sind
Heil- und Pflegeberufe
Handels- und Verwaltungstätigkeiten
Ingenieurberufe
Naturwissenschaftliche Berufe
Dienstleistungsberufe
Ausbilder und Lehrer
Künstlerische Berufe
Handwerker

Schicht- und Akkordarbeit

Die Arbeitsfähigkeit jedes Diabetikers verbessert sich ganz entscheidend nach der regelmäßigen Teilnahme an der Diabetikerschulung.

Die Verbesserung der Therapiemöglichkeiten hat sogar ganz neue Wege für die **Schichtarbeit** eröffnet. Man muß aber immer berücksichtigen, daß Diabetiker in der Regel ihre Mahlzeiten relativ präzise einhalten und auch die Insulininjektionen regelmäßig setzen müssen. Schichtarbeit erfordert also von einem Diabetiker einen hohen Grad von Motivation und Mitarbeit.

In jedem Fall sollte man versuchen, Wechselschichten möglichst selten zu wechseln. Es lohnt sich immer, den Arbeitgeber zu fragen, ob er einen Menschen mit Diabetes nicht möglichst konstant für eine bestimmte Schicht einsetzen kann.

Als besonders geeignet für Diabetiker mit Schichtarbeit haben sich Insulinpumpen erwiesen, da sich mit ihrer Hilfe sowohl die Basalrate als auch die zu den Mahlzeiten gegebenen Dosen flexibel an die Arbeitszeiten anpassen lassen.

Auch **Akkordarbeit** läßt sich mit der Diabetesbehandlung vereinbaren, wenn die damit verbundene körperliche Anstrengung nicht zu groß ist. Es muß jedoch darauf geachtet werden, daß diabetische Arbeitnehmer die Möglichkeit haben, ihre Mahlzeiten regelmäßig einzunehmen und – wenn nötig – die Maßnahmen zur Insulinanpassung durchzuführen.

Diabetes und Führerschein

Es gibt keine generellen Richtlinien, die Menschen mit Diabetes das Führen eines Fahrzeugs verbieten. Trotzdem kann die Erlaubnis im Einzelfall eingeschränkt oder zurückgezogen werden, wenn eine gesundheitliche Beeinträchtigung besteht, durch die der Führer eines Fahrzeugs den Straßenverkehr gefährden könnte. Am leichtesten ist der Nachweis der Fahrtüchtigkeit zu erbringen, wenn ein insulinspritzender Diabetiker eine entsprechende Schulung und ein sorgfältig durchgeführtes Diabetikertagebuch vorweisen kann.

Das Bundesministerium für Gesundheit hat dazu klare Richtlinien erlassen, die sehr weitgehende Empfehlungen für die regelmäßige Stoffwechselkontrolle enthalten, wobei auch die Rolle des Hausarztes und der Blutglukose-Selbstkontrolle angesprochen wird.

Typ-II-Diabetiker, die nur mit Diät oder mit Diät und oralen Antidiabetika behandelt werden, können jede Art von Motorfahrzeug mit einem zulässigen Gesamtgewicht bis 3,5 Tonnen führen, sofern sie in ärztlicher Behandlung stehen und nicht einer erhöhten Hypoglykämiegefahr ausgesetzt sind.

Am wichtigsten ist in allen Fällen das Verantwortungsbewußtsein des Diabetikers selbst. Er muß seinen Stoffwechselzustand bei Antritt einer Fahrt genau kennen und die Mittel für Gegenmaßnahmen bei einer möglichen Hypoglykämie im Wagen mitführen (siehe Seite 44).

Daß diese Bestimmungen nicht strenger ausgefallen sind, geht auf statistische Vergleiche der Unfallhäufigkeit zwischen Diabetikern und Stoffwechselgesunden zurück. In einer Untersuchung zeigte sich, daß während eines Zeitraums von 5 Jahren 23% der Diabetiker, aber 25% der Stoffwechselgesunden in Unfälle verwickelt waren. Unfälle aufgrund von Hypoglykämien sind tatsächlich relativ selten.

Nach den amtlichen Richtlinien des Bundesgesundheitsministeriums kann die Fahrerlaubnis für PKW nicht erteilt werden bei

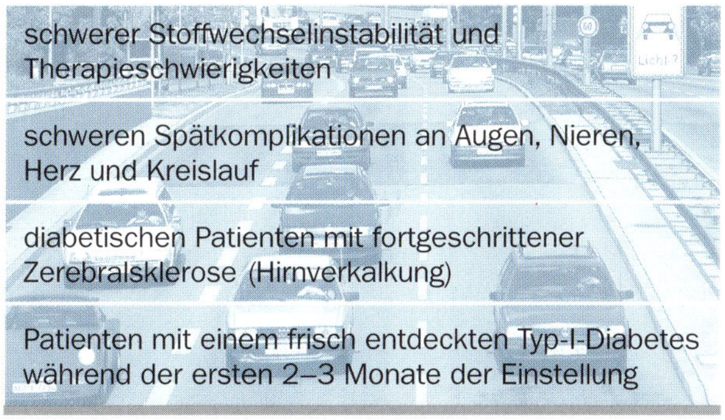

- schwerer Stoffwechselinstabilität und Therapieschwierigkeiten
- schweren Spätkomplikationen an Augen, Nieren, Herz und Kreislauf
- diabetischen Patienten mit fortgeschrittener Zerebralsklerose (Hirnverkalkung)
- Patienten mit einem frisch entdeckten Typ-I-Diabetes während der ersten 2–3 Monate der Einstellung

Mit Diabetes auf Reisen

Für die Reise sind Planung und Vorbereitung wichtige Punkte. Dies betrifft vor allem Reisen in Länder, in denen im Notfall keine kompetente ärztliche Hilfe zu erwarten ist. Aber schon für eine normale Urlaubsreise sollten Sie neben den für die Diabetesbehandlung notwendigen Gegenständen wie Insulin, Spritzen und Meßgerät auch eine kleine Notfallapotheke mitführen.

Es empfiehlt sich auch, sich mit den **Eßgewohnheiten des Ferienlandes** vertraut zu machen. In manchen Ländern wird gesünder gekocht als bei uns, ein Restaurant im Mittelmeerraum kann zum Beispiel eine nahezu perfekte Diabetesdiät anbieten. Es ist jedoch

Kleine Reiseapotheke für alle Fälle	
Für die Diabetesbehandlung	**Für Erste-Hilfe-Maßnahmen**
Blutglukose-Selbstkontrolle: – Teststreifen – Meßgerät – Lanzetten – Tupfer – Desinfektionsmittel – Diabetestagebuch	**Hypoglykämie:** – Glukagonset – Reserve-BE (Traubenzucker) – Diabetikerausweis in der richtigen Fremdsprache – Arztadressen
Diabetesbehandlung: – Ausreichender Insulinvorrat (eventuell in einer Kühlbox) – Einwegspritzen oder Pens – Diättabellen – Orale Antidiabetika	**Reiseprobleme:** – Verbandmaterial – Schere – Pinzette – Fieberthermometer (elektronisch) – Wunddesinfektionsmittel – Mittel gegen Durchfall – Infektionsprophylaxe (zum Beispiel Malariamedikament)

wichtig, sich mit dem Nährstoff- und Kaloriengehalt vertraut zu machen, so daß man sich die richtige Portion zusammenstellen kann. Wer nicht auf seine Diabetikerkonfitüre oder den Süßstoff verzichten kann, sollte diese mitnehmen.

Patienten, die Insulin spritzen oder Antidiabetika einnehmen, müssen bedenken, daß Urlaubsreisen – auch wenn nicht vermehrt Sport getrieben wird – immer mit einer erhöhten Muskelarbeit verbunden sind. Das heißt, die Behandlung muß an eine **vermehrte körperliche Aktivität** angepaßt werden.

Ein weiterer wichtiger Punkt ist, daß sich die **Zeiten der Hauptmahlzeiten** verschieben können. Mit Ausnahme von schwer einstellbaren Patienten mit Typ-I-Diabetes, bei denen die Einhaltung eines starren Nahrungsschemas absolut notwendig erscheint, empfehlen wir im Urlaub eine größere Flexibilität. Auch ein 4-Spritzen-Regime kann an einen veränderten Tagesablauf angepaßt werden, wenn die Dosisanpassung stimmt und die Spritz-Eß-Abstände eingehalten werden. Lediglich bei einer starken Verschiebung des Frühstücks in den Morgen hinein ist Vorsicht geboten: hier muß unter Umständen der Altinsulinanteil der ersten Spritze erhöht werden, um dem größeren Bedarf zum späteren Zeitpunkt (Einnahme des Frühstücks) gerecht zu werden.

Beispiel: Ein Facharbeiter, der seine Arbeit um 7.30 Uhr beginnt, spritzt um 6.00 Uhr und frühstückt um 6.30 Uhr. Während seines Urlaubs schläft er bis 8.00 Uhr. Wegen der natürlichen Schwankung der Insulinempfindlichkeit liegt der Blutzucker gegen 8.00 Uhr nicht wie sonst bei 100–120 mg/dl, sondern ist bis 140–150 mg/dl angestiegen. Der durch das Frühstück bedingte Blutzuckeranstieg kommt jetzt auf das erhöhte Niveau hinzu; er muß durch einen vermehrten Anteil von Altinsulin ausgeglichen werden. Eine weitere Möglichkeit liegt in der Verlängerung des Spritz-Eß-Abstands von circa 30 auf 45 Minuten.

Transkontinentale Flüge

Flüge über mehrere Zeitzonen hinweg stellen für den insulinspritzenden Patienten eine besondere Aufgabe dar, die aber in der Regel gut zu lösen ist.

Bei kürzeren Flugzeiten (Zeitunterschied bis zu 3 Stunden) kann man das gewohnte

Schema beibehalten, vor größeren Zeitverschiebungen stimmen Sie den Zeitplan am besten mit dem behandelnden Arzt ab.

Bei einem **Flug nach Westen** verlängert sich der Tag subjektiv um mehrere Stunden, zur Überbrückung der Zeitverschiebung wird eine zusätzliche Dosis Altinsulin benötigt.

Patienten, die nur auf 2 Spritzen eingestellt sind, benötigen auch die Zusatzdosis Altinsulin während des Fluges. Die 2. Mischspritze erfolgt dann vor dem Abendessen.

Bei einem **Flug in den Osten** verkürzt sich der Tag subjektiv. Das nächtliche Verzögerungs- oder Mischinsulin wird in der Regel durch eine Dosis Altinsulin ersetzt.

Längere Wanderungen und Bergsteigen

Klar ist, daß von vornherein eine optimale Diabeteseinstellung, die erforderliche konditionelle Ausdauer und die richtige Anpassung der Insulin- oder Tablettenbehandlung sichergestellt sein müssen. Man sollte auch Hypoglykämien im Griff haben, um nicht sich selbst und andere einem Risiko auszusetzen.

i n f o

Regeln für Wanderer und Bergsteiger mit Diabetes

- Machen Sie Ihre Touren immer mit mindestens einer Begleitperson, die sich im Notfall auskennt.
- Lassen Sie sich Zeit für die Höhenanpassung, und vermeiden Sie Extrembelastungen.
- Insulin injizieren Sie immer in die Bauchhaut, da die Oberschenkel bewegt werden, und sich dort bei Kälteeinwirkung möglicherweise auch die Durchblutung stärker verändert.
- Insulin muß immer mitgeführt, gleichzeitig aber vor dem Einfrieren geschützt werden (die rechtzeitige Rückkehr zur Hütte kann plötzlich unmöglich werden).
- Insulin-Pens können sich durch die Kälte verändern und ungenau werden, deshalb frostsicher transportieren.
- Pumpenträger müssen sich erkundigen, ob ihr Gerät höhentauglich ist und Kälte verträgt.

Insulinanpassung bei einem Flug nach Westen (Beispiel New York, USA) und nach Osten (Rückflug aus New York)

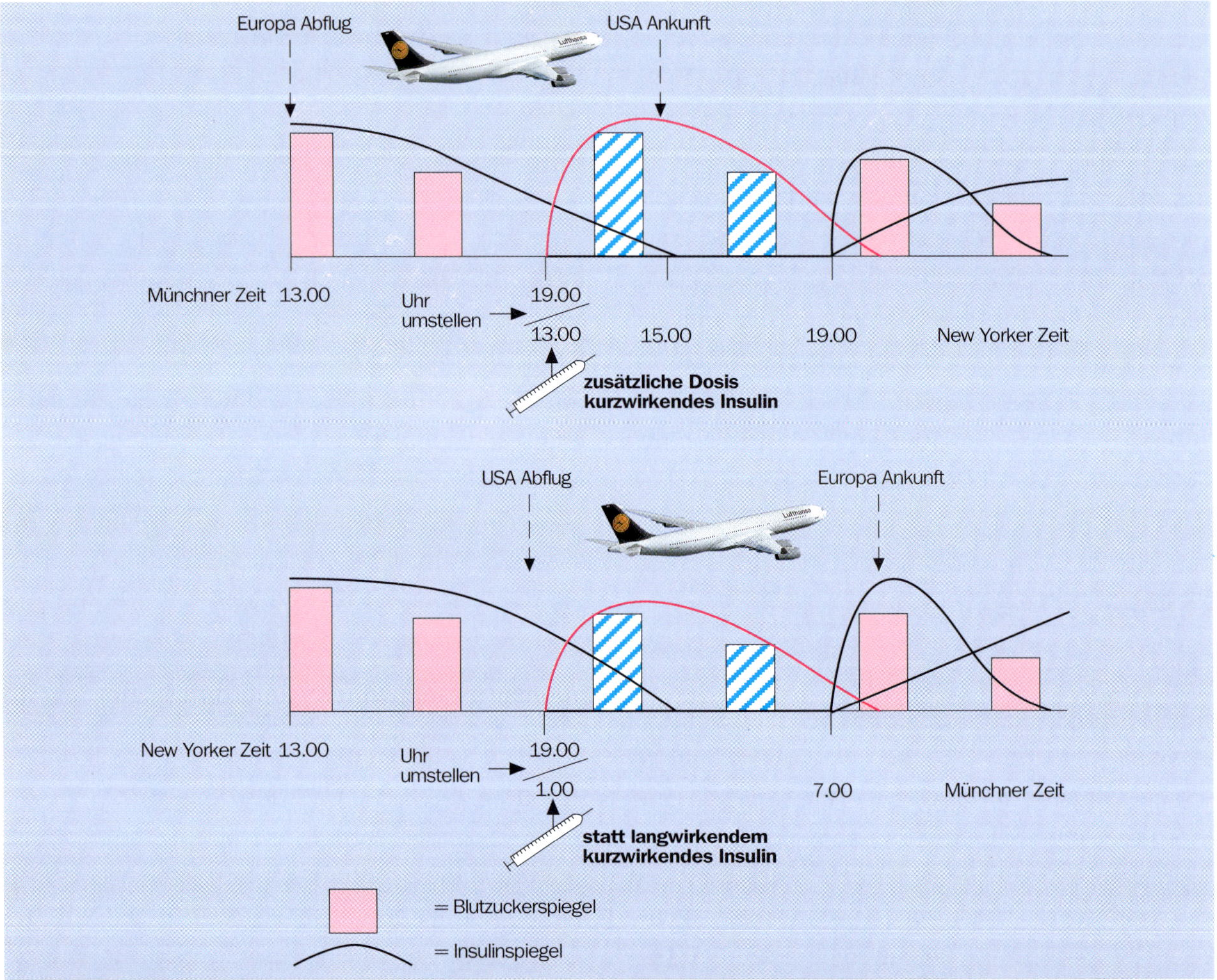

Fliegt man in München um 13.00 Uhr Ortszeit **nach Westen** ab, landet man nach 8 Stunden Flug wegen der Zeitverschiebung in New York um 15.00 Uhr Ortszeit. Die subjektive Verlängerung des Tages um 6 Stunden überbrückt man mit einer Extragabe Altinsulin während des Fluges. Die Dosis hängt unter anderem von dem Ergebnis der Stoffwechselkontrolle, der Größe der folgenden Mahlzeit und dem persönlichen Insulinbedarf ab. Nach der Injektion nimmt man eine Mahlzeit ein, die etwa dem üblichen Abendessen entspricht. Nach der Landung in New York und einer kleinen Zwischenmahlzeit (16.00–17.00 Uhr Ortszeit) kann man eine halbe Stunde vor dem Abendessen (19.00–20.00 Uhr) die übliche Dosis Altinsulin, vor dem Zubettgehen die gewohnte Spätspritze geben.

Beim **Rückflug (Flug nach Osten)** verkürzt sich der Tag subjektiv wieder um 6 Stunden. Es empfiehlt sich, das Abendessen nur mit Alt- statt mit Depot- oder Mischinsulin (Spätspritze bzw. 2. Mischspritze) abzudecken und das gewohnte Injektionsschema vor dem Frühstück aufzunehmen.

Sexualität und Empfängnisverhütung

Gerade im Bereich der Sexualität gilt für die Diabetespatienten die Maxime der „bedingten Gesundheit". Ein Ziel sollte es sein, die Ängste, die mit dem Diabetes verbunden sind, nicht in den Bereich der Sexualität eindringen zu lassen. **Für eine Frau** läßt sich keinerlei diabetesbedingte Störung erkennen, die die Sexualität beeinflussen könnte. **Beim Mann** ist die Situation komplizierter, denn mit der Ausbildung schwerwiegender Spätkomplikationen kann es zu Potenzstörungen kommen.

Potenzstörungen

Zunächst muß zwischen Störungen der Libido (Lust) und der Potenz (Unmöglichkeit, den Geschlechtsverkehr vollziehen zu können) unterschieden werden. Rein statistisch gesehen sind Störungen der Potenz bei Diabetes relativ häufig; zunächst muß man jedoch klarstellen, ob sie überhaupt durch die Stoffwechselerkrankung bedingt sind. **Vorübergehende Potenzstörungen** sind auch bei Stoffwechselgesunden nicht selten, sie haben meist seelische Ursachen. Auf jeden Fall muß man sich vor Augen halten, daß Störungen auf diesem Gebiet nicht zwangsläufig kommen. Sie sind im Zusammenhang mit den Spätkomplikationen zu sehen: eine perfekte Primärprävention, die eine Neuropathie und eine Erkrankung der großen und kleinen Gefäße verhüten kann, wird auch grundsätzlich Potenzstörungen verhindern können. Treten sie aber auf, so lassen sie sich auch behandeln. Es ist deshalb notwendig, die Schamgefühle zu überwinden und sich möglichst bald mit diesem Problem an einen kompetenten Arzt zu wenden.

Empfängnisverhütung bei Diabetes

Eine ungewollte Schwangerschaft ist für eine Frau mit Diabetes ein viel größeres Problem als für eine Stoffwechselgesunde. Wie wir später noch sehen werden, muß die Schwangerschaft sorgfältig überlegt und vorgeplant sein, eine Frau mit Diabetes muß sich deshalb von vornherein besonders gut mit allen Methoden der Kontrazeption (Empfängnisverhütung) auskennen. Sie sollte die Verantwortung nur einem wirklich verläßlichen Partner überlassen, am besten jedoch selbst Vorsorge treffen.

Welche Verhütungsmethoden sind hier zu empfehlen? Für jüngere Frauen in erster Linie die Pille, also Kombinationspräparate mit möglichst niedrigem Hormongehalt. Bei Frauen über 30 Jahren ist die Spirale etwas besser zu bewerten. Natürlich gelten bei Diabetes für alle Methoden die gleichen Gegenanzeigen wie bei stoffwechselgesunden Frauen. Die individuell beste Lösung läßt sich aber nur in einem Beratungsgespräch mit dem Arzt Ihres Vertrauens herausfinden.

Schwangerschaft bei Diabetes

Für eine Frau mit Diabetes ist die Wahrscheinlichkeit, ein gesundes Kind zur Welt zu bringen, heute nicht wesentlich anders als bei einer gesunden Frau. Dies gilt aber nur unter der

Voraussetzung, daß die Schwangerschaft sorgfältig geplant wird, und daß Schwangerschaft und Geburt von medizinischen Experten begleitet werden. Eine genaue Darstellung der Stoffwechselvorgänge bei der Schwangerschaft, der Risiken und der notwendigen Maßnahmen würde den Rahmen dieses Buches sprengen. Deshalb können hier nur einige Leitlinien dargestellt werden.

Risiken für Mutter und Kind

Die **Risiken für die werdende Mutter** liegen bei guter Stoffwechselführung nicht wesentlich höher als bei Stoffwechselgesunden. Nur einige Schwangerschaftskomplikationen wie Harnwegsinfekte, Hydramnion (Fruchtwasservermehrung), EPH-Gestosen (Flüssigkeitseinlagerungen, Bluthochdruck und Eiweißausscheidung) und die Notwendigkeit zur operativen Entbindung kommen etwas häufiger vor. Die **Risiken für das Kind** sind mögliche Mißbildungen und eine erhöhte Sterblichkeit vor, während und nach der Geburt. Diese Risiken lassen sich durch eine perfekte Stoffwechselführung auf ein Minimum reduzieren. Vermehrte Mißbildungen treten nur dann auf, wenn die Stoffwechseleinstellung in der Frühschwangerschaft nicht stimmt. Sehr problematisch ist dabei, daß die Frau während der ersten Wochen meist noch nicht weiß, daß sie schwanger ist. Aus diesem Grund ist gerade bei Diabetes die Planung einer Schwangerschaft unerläßlich.

Diabetesbehandlung im Verlauf der Schwangerschaft

Die wichtigsten Punkte können Sie der folgenden Tabelle entnehmen:

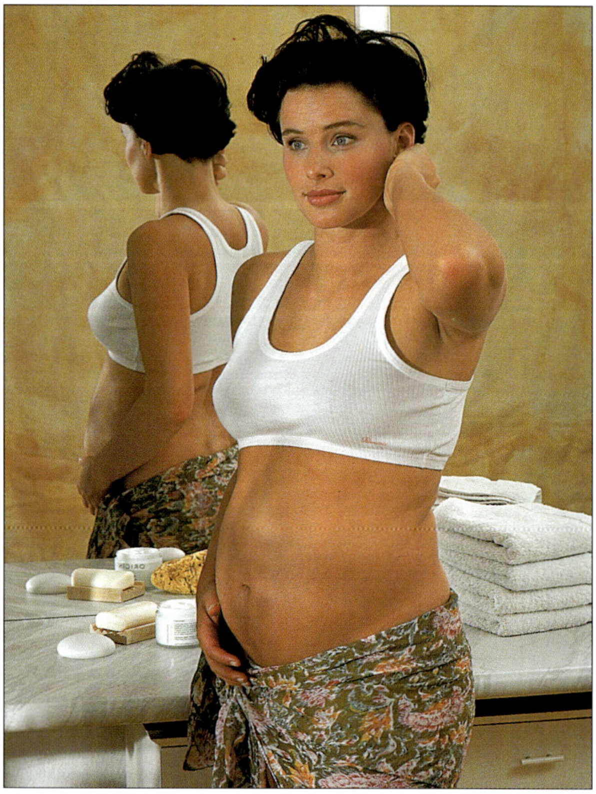

Frauen mit Diabetes sollten eine Schwangerschaft bewußt planen, um optimale Bedingungen für die Entwicklung des Kindes zu schaffen

Die wichtigsten Maßnahmen bei Diabetes und Schwangerschaft
Zusammenarbeit des betreuenden Arztes mit einem diabetologisch versierten Gynäkologen
Optimale Blutzuckereinstellung vor der Empfängnis und während der Schwangerschaft
Sofortige Korrektur von Stoffwechselentgleisungen
Nach Feststellung der Schwangerschaft stationäre Aufnahme zur Kontrolle der Insulintherapie und ab der 32. Schwangerschaftswoche Schulung an einer geburtshilflichen Abteilung
Betreuung des Neugeborenen durch einen qualifizierten Kinderarzt

Optimale Stoffwechselkontrolle

Auf Grund der besonderen Stoffwechselgegebenheiten müssen die Blutglukosespiegel niedriger liegen, als die sonst für Diabetiker empfohlenen Werte. Für die Stoffwechselkontrolle gelten folgende Kriterien:

info

Kriterien für die Stoffwechseleinstellung während der Schwangerschaft

- Blutglukose zwischen 60 und 120 mg/dl, Nüchternwerte unter 90 mg/dl
- Urin immer frei von Azeton
- HbA_{1c}-Werte im Bereich von Stoffwechselgesunden

Wegen der hormonellen Umstellung während der Schwangerschaft ist die Mutter besser gegen Unterzuckerungen geschützt als außerhalb der Schwangerschaft. Dies erlaubt die Einstellung der Blutzuckerwerte im gesunden Bereich, was man bei Typ-I-Diabetes wegen der Gefahr von Hypoglykämien sonst nicht ohne Einschränkung empfehlen würde. Auch das werdende Kind ist gegen Unterzucker relativ gut geschützt, so daß nur eine tiefe Bewußtlosigkeit der Mutter gefährlich werden könnte.

Andererseits kann eine schwere Blutzuckerentgleisung (Hyperglykämie) zu Schäden bei dem Kind führen; ein diabetisches Koma ist für das Ungeborene meistens tödlich.

Familienplanung und Diabetesrisiko

Das Risiko für das Kind einer diabetischen Mutter, im Verlauf des Lebens an einem Typ-I-Diabetes zu erkranken, liegt bei 4%. Hat nur der Vater Diabetes, so liegt das Risiko bei etwa 6%, für beide Elternteile zusammen bei circa 10%. Zum Glück sind diese Zahlen relativ niedrig, so daß man nicht grundsätzlich vor einer Schwangerschaft warnen muß. Man sollte aber auch bedenken, daß die Eltern für das Kind sorgen können sollen, bis es erwachsen ist. Dies könnte in Frage gestellt werden, wenn ein Elternteil bereits schwere Spätschäden hat.

Eine Frage, die immer noch kontrovers diskutiert wird, ist die mögliche Beschleunigung von Spätkomplikationen bei der Mutter durch die Schwangerschaft. Es ist nicht bewiesen, daß bei guter Stoffwechselführung eine Schwangerschaft die Entstehung von Spätkomplikationen beschleunigt. Allerdings gibt es Anzeichen dafür, daß viele Schwangerschaften ungünstig sind, so daß man im allgemeinen von mehr als zwei Kindern abraten wird.

Schwangerschaftsdiabetes

Bei circa. 2% aller Schwangeren tritt nur während der Schwangerschaft ein Diabetes auf, der bei ungenügender Diagnostik leicht übersehen wird. Dieser sogenannte **Gestationsdiabetes** verschwindet meist nach der Geburt wieder. Dennoch sind Mutter und Kind praktisch den gleichen Risiken ausgesetzt wie bei der Schwangerschaft einer bekannten Diabetikerin. Das Risiko für einen Schwangerschaftsdiabetes ist besonders bei familiärer Belastung mit Typ-II-Diabetes erhöht, hier muß sorgfältig nach dem Auftreten dieser Stoffwechselstörung gefahndet werden.

KOCHEN UND BACKEN

1994 hat die Amerikanische Diabetes-Gesellschaft neue Empfehlungen zur Ernährung bei Diabetes herausgegeben. Dabei wurde der Versuch gemacht, die Kluft zwischen den wissenschaftlichen Vorgaben auf der einen und den durch Tradition und Kultur gegebenen Ernährungsgewohnheiten auf der anderen Seite zu überbrücken. Es handelt sich also um einen Kompromiß zwischen den medizinischen Ernährungsrichtlinien und der durch die Lebens- und Eßgewohnheiten gegebenen Realität. Diese Empfehlungen haben weltweit eine lebhafte Diskussion über die richtige Ernährung bei Diabetes in Gang gebracht, die noch nicht beendet ist. In Deutschland werden die Diätempfehlungen in den einzelnen Diabeteszentren nicht einheitlich gehandhabt. Es ist jedoch zu erwarten, daß sich auch bei uns die Richtlinien mehr an die internationalen Empfehlungen anpassen werden.

Ausgewogene Ernährung für Diabetiker

Die Ziele der medizinischen Ernährungsbehandlung werden folgendermaßen formuliert:

- Möglichst normnahe Blutzuckereinstellung durch das Zusammenwirken von Insulinbehandlung oder Tablettentherapie, körperlicher Aktivität und der richtigen Ernährung

- Möglichst optimale Einstellung der Blutfette und Erreichen des richtigen Körpergewichts (Gewichtsabnahme) durch Bereitstellung einer angepaßten Kalorienmenge
- Verhinderung von akuten (Stoffwechselentgleisung) und Langzeitkomplikationen (Augen, Nieren, Herz-Kreislauf-System)
- Verbesserung der Gesundheit des einzelnen durch möglichst optimale Ernährung entsprechend den gültigen Hinweisen und Richtlinien für die Bevölkerung. Die Ernährungsrichtlinien passen sich neuen Entwicklungen in der Diabetesbehandlung an: Bei **Typ-I-Diabetes** steht die Insulinbehandlung an erster Stelle, sie paßt sich an die Ernährungsgewohnheiten an.
  Die Behandlung des **Typ-II-Diabetes** orientiert sich nicht nur an den Blutzuckerwerten und der Kohlenhydrataufnahme, sondern beachtet das komplexe Bild der Stoffwechselstörung
- Der Diabetiker führt einen Teil seiner Behandlung eigenverantwortlich durch und wird partnerschaftlich vom Arzt beraten

In den letzten Jahren wurde das traditionelle Zuckerverbot deutlich gelockert, und in vielen Zentren wird der Rohrzucker (Saccharose) – insbesondere bei gut eingestellten Patienten mit Typ-I-Diabetes – als Bestandteil der Mahlzeiten berücksichtigt. Bis heute halten wir uns an unserem Zentrum aber an die Vermeidung von löslichem Zucker in der Diabetesdiät, um die Blutzuckerschwankungen möglichst gering zu halten. Wir empfehlen auch immer noch eine Berechnung der Kohlenhydratmenge in Broteinheiten, weil diese eine Abschätzung der Portionen erleichtert.

Empfehlungen für die gesunde Ernährung bei Diabetes mellitus
Kohlenhydratreiche Kost mit 20–30 g Ballaststoffen pro Tag
Der Anteil der Fettkalorien sollte unter 30% liegen, wobei der Anteil der tierischen Fette (gesättigte Fettsäuren) weniger als 10% der Gesamtkalorien pro Tag betragen sollte
Eiweißzufuhr bei 10–20% der Gesamtkalorien, wenn nicht eine Störung der Nierenfunktion (Nephropathie) besteht
Der Kalorienbedarf wird unter Beachtung ernährungsmedizinischer Vorgaben individuell festgelegt. Dabei müssen die Lebensgewohnheiten und die Gegebenheiten von Beruf und Freizeit berücksichtigt werden
Eine Verteilung auf 4–5 kleinere Mahlzeiten unter Berücksichtigung der Insulindosen (z. B. Spätmahlzeit bei Zwei-Spritzen-Regime)

Zuckeraustausch- und Süßstoffe

Grundsätzlich sollte man in erster Linie danach streben, die **Süßschwelle** zu senken. Wenn man konsequent einige Wochen lang Naschereien sowie stark gesüßte Speisen und Getränke vermeidet, verändert sich das Geschmacksempfinden. Vieles erscheint dann plötzlich viel zu stark gezuckert, so daß das Verlangen nach Süßem ganz automatisch nachläßt.

- **Diabetikerzucker (= Zuckeraustauschstoffe)** sind süß schmeckende Kohlenhydrate, die aber bei den Broteinheiten und Kalorienmengen angerechnet werden müssen. **Fruchtzucker (Fruktose)** süßt besonders intensiv, so daß Sie die in herkömmlichen Backrezepten angegebene Menge für Haus-

haltszucker um ein Drittel reduzieren können. Dafür benötigen Sie etwas mehr Triebmittel (Backpulver).
Da Fruchtzucker schneller anbräunt, müssen Sie beim Backen den Kuchen abdecken oder die Temperatur nach einer Weile etwas senken.

Xylit, Sorbit und Isomalt können in Einzelfällen auch in kleinen Mengen vorübergehend zu Blähungen und Durchfall führen.
Dextrose, Glukose, Maltose, Maltodextrin und Saccharose sind nur Bezeichnungen für Zuckerarten, die **für Diabetiker nicht geeignet** sind.

- **Süßstoffe (= Zuckerersatz)** enthalten keine Kohlenhydrate und keine anzurechnenden Kalorien. Sie wirken sich also nicht auf den Insulinbedarf aus.
  Saccharin und Cyclamat sind bekannte Beispiele, die sich besonders durch ihre Hitzestabilität auszeichnen, also sehr gut zum Kochen und Backen geeignet sind. Für Salate und Süßspeisen gibt es sie auch in flüssiger Form.
  Aspartam verliert bei Temperaturen über 180°C seinen Geschmack, kann also beim Backen nicht verwendet werden.

Gezieltes Einkaufen

Menschen mit Diabetes sind heute nicht mehr auf Spezialgeschäfte oder Reformhäuser angewiesen, jeder Supermarkt hat einige Regale mit diätetischen Lebensmitteln. Beachten Sie aber, daß dort nicht nur (eindeutig gekennzeichnete) Diabetikerprodukte angeboten werden, sondern auch salzarme, kalorienreduzierte oder glutenfreie Lebensmittel, die mit dem Diabetes nichts zu tun haben.

Auf besondere **kohlenhydrathaltige Produkte für Diabetiker** (Diabetikermehl, -brot, -zwieback oder -nudeln) können Sie verzichten, die normalen Vollkornprodukte sind genauso gut und billiger.

Empfehlenswert sind nur einige wenige Angebote, vor allem Süßstoffe, Diabetikerkonfitüre, Naschwerk, gesüßte Getränke und eventuell kohlenhydratfreie Bindemittel für Suppen und Saucen („Nestargel", „Biobin" und „Bindefix" aus Johannisbrotkernmehl).

Grundsätzlich kann man sagen, daß Lebensmittel um so wertvoller sind, je weniger sie verarbeitet wurden. Bei frischen Nahrungsmitteln läuft man auch nicht Gefahr, daß den Produkten versteckte Fette oder Zucker untergemischt wurden. Bei Lebensmitteln mit verarbeitetem Getreide (Brot, Teigwaren) sollten Sie immer auf Produkte aus Vollkorn achten. Weiße Auszugsmehle enthalten kaum Mineralien und Vitamine, außerdem erhöhen sie den Blutzuckerspiegel schneller und stärker als Mehle aus dem vollen Korn.

Lassen Sie sich nicht von der Bezeichnung **„Light"** verführen, der Begriff ist nicht gesetzlich geschützt. Man findet unter dieser Bezeichnung Produkte, die fett- oder zuckerreduziert oder auch nur aufgeschlagen sind. Joghurt, Süßwaren und Konfitüren mit diesem Aufdruck sind fast immer nur zuckerreduziert und nicht ganz zuckerfrei.

Wenn man sich gut umschaut und besonders die Zutatenliste aufmerksam studiert, findet man unter den herkömmlichen Produkten meist qualitativ gleichwertige und dabei oft billigere Angebote.

Verwenden Sie Vollkornmehle

Austauschtabellen

- Diabetiker, die nicht auf die genaue Einhaltung einer begrenzten Kalorienzufuhr achten müssen, können die Nahrungsmittel für die einzelnen Mahlzeiten mit Hilfe von **Kohlenhydrat-Austauschtabellen** frei auswählen, solange sie die festgesetzte BE-Verteilung über den Tag einhalten. Sie können zum Beispiel bei einer Mahlzeit 80 Gramm Kartoffeln gegen 30 Gramm Vollkornbrot oder je nach Saison verschiedene Gemüsesorten gegeneinander austauschen.

  Es gibt Austauschtabellen, die auf der Basis von 10 g verwertbaren Kohlenhydraten pro Einheit beruhen (KH-Austauschtabellen) und **BE-Tabellen** auf der Basis von 12 g verwertbaren Kohlenhydraten pro Einheit. Um Verwechslungen und Berechnungsfehler auszuschließen, sollte man immer bei einer Einheit bleiben.

  Die Nahrungsmittel werden in der Regel nach Kohlenhydratgehalt und Herkunft in verschiedene Gruppen aufgeteilt:

  Immer anzurechnen sind Brotwaren, Kartoffeln, Nährmittel (zum Beispiel Haferflocken, Reis oder Nudeln), Mehle, Nüsse, Milchprodukte und Obst.

  Bei **Gemüse** unterscheidet man zwischen nicht anrechenbaren (bis 5 g Kohlenhydrate/100 g Gemüse), begrenzt und grundsätzlich anzurechnenden Arten (zum Beispiel Hülsenfrüchte).

  Obst- und Gemüsesäfte sind genauso wie Zuckeraustauschstoffe bei der BE-Berechnung zu berücksichtigen.

- Diabetiker, die neben den Broteinheiten auch die Kalorien zählen müssen, haben es etwas schwerer bei der Zusammenstellung der Mahlzeiten. Hier sind besonders Öle und Fette, Eier, Nüsse, Fleisch, Wurstwaren, Käse und fette Fischarten zu berücksichtigen. Angaben über den Fettgehalt von Nahrungsmittteln sind in **Fett-Austauschtabellen** zusammengefaßt, die eine schnelle Orientierung ermöglichen. In vielen Fertigprodukten sind als Geschmacksverbesserer Fette enthalten. Beachten Sie immer die Mengenangaben zu den drei energieliefernden Nährstoffklassen Eiweiß, Fett und Kohlenhydrate auf den Etiketten.

  Bei der Berechnung der Kalorien sind immer auch alkoholische Getränke zu berücksichtigen, da 1 Gramm reiner Alkohol bereits 7,2 kcal liefert.

Da das alles am Anfang noch gewöhnungsbedürftig ist, finden Sie auf den Seiten 104 bis 144 zwei abgestufte Wochenpläne mit fertig berechneten Rezepten, die Ihnen den Einstieg in die Reduktionskost bei Diabetes erleichtern werden.

Lernen Sie mit einer genauen Küchenwaage, das Gewicht von Obst und Gemüse zu schätzen

Hinweise zu den Rezepten

Die Mengenangaben für Frühstück, 1. und 2. Zwischenmahlzeit gelten jeweils für eine Portion, für Mittag- und Abendessen immer für zwei Portionen. Sie beziehen sich auf küchenfertige (bereits geputzte und gewaschene) Lebensmittel.

Die Mengenangaben sind auch für Obst und Gemüse in Gramm angegeben, da die Stückgröße stark variieren kann. Wiegen Sie Früchte und Gemüse auf einer präzisen Haushaltswaage ab, und trainieren Sie mit der Zeit Ihr Schätzungsvermögen für das Gewicht einzelner Stücke.

Die Zahlenwerte zum Kilokalorien-, Eiweiß-, Fett- und Kohlenhydratgehalt jedes Rezeptes sind immer für eine Portion berechnet.

Wenn es besser in Ihren Tagesablauf paßt, können Sie Frühstück und erste Zwischenmahlzeit gegeneinander austauschen. Dabei ist der unterschiedliche BE-Gehalt der Mahlzeiten zu berücksichtigen. Mittag- und Abendessen sind gegeneinander austauschbar, genauso wie die Zwischenmahlzeiten.

Hinweise auf längere **Vorbereitungszeiten** (zum Beispiel Vorquellen von Getreide oder Einlegen in Marinade) sind in den Wochenplänen angegeben.

Erklärung der Abkürzungen	
BE	Brot- bzw. Berechnungseinheit, entspricht 12 g Kohlenhydraten
ca.	circa
E	Eiweiß
EL	Eßlöffel (gestrichen)
F	Fett
g	Gramm
kcal	Kilokalorien
kg	Kilogramm
KH	Kohlenhydrate
l	Liter
ml	Milliliter
Msp.	Messerspitze
TL	Teelöffel (gestrichen)
Tr.	Tropfen

Tagespläne für circa 1 600 Kilokalorien/15 BE

Tag	Frühstück 3 BE	1. Zwischenmahlzeit 2 BE	Mittagessen 4 BE	2. Zwischenmahlzeit 2 BE	Abendessen 4 BE
1	Obstsalat mit Weizenkörnern (Quellzeit 8–10 Stunden)	Roggenvollkornbrot mit Geflügelwurst	Gemüsenudeln mit Kurkumasauce, Sauerkirschen	Aprikosenjoghurt mit Vollkornzwieback	Gemüse-Geflügel-Eintopf, Fladenbrot mit Kräuterfrischkäse
2	Flockenmüsli mit Pflaumen und Kokos	Kräuter-Zwiebel-Quark auf Vollkornbaguette	Weißkraut-Tomaten-Frischkost, Grünkerngemüse mit Bananen-Apfel-Sauce	1 Vollkornsavarin mit Pfirsichsalat	Serbische Bohnensuppe mit Käsestange (Quellzeit 10–12 Stunden)
3	Frühstücksmüsli	Vollkornbrötchen mit Senfbutter und Zucchino	Putengeschnetzeltes in Estragonsauce, Birnenspalten in Ingwercreme	6 Aprikosenmakronen	Grünkern-Gemüse-Salat mit Fladenbrot, Feigenmilch
4	Weizenschrotmüsli mit Nektarinen (Quellzeit 8–10 Stunden)	Roggenbrot mit Selleriequark	Chicoréesalat mit Käsesauce, Pizza, mit Austernpilzen, Wassermelone	Fladenbrot mit Radieschenkeimen (Quellzeit 2–3 Tage)	Rettichfrischkost auf Feldsalat, Kartoffel-Lauch-Gratin, 4 Käsecracker
5	Gerstenmüsli mit Aprikosen	Birne auf Vollkorntoast	Gurken-Rettich-Frischkost, Gnocchi mit Zucchinisauce, Pfirsich	Frischkäse auf Zwieback	Mexikanische Bohnensuppe (Quellzeit 10–12 Stunden), Sesambrötchen mit Frischkäse
6	Flockenmüsli mit Walnüssen	Vollkornbrot mit Kohlrabifrischkost	Schinkentoast, Chicoréegratin, Apfelspalten in Sanddorn-Joghurt-Sauce	Johannisbeer-Zwetschgen-Mus auf Knäckebrot	Fenchel-Krabbensalat mit Vollkornbrot, Buttermilch-Bananen-Shake
7	Vollkornbrot mit Aprikosen-Nuß-Mus	Orangensalat mit knusprigen Weizenflocken	Lammsteaks mit Tomatencoulis und Bohnen (Quellzeit 8–10 Stunden), Heidelbeer-Melonen-Cocktail	4 Aprikosen-Kokos-Kekse	Reissalat mit Topinambur, Vollkorntoast mit Kerbel-Crème fraîche

TAG 1

Frühstück

Obstsalat mit Weizenkörnern

Zutaten: 1 Portion

100 g Birne mit Schale
55 ml frisch gepreßter Orangensaft
70 g Brombeeren/Erdbeeren/
Himbeeren
90 g vorgequollene Weizenkörner
ca. 45 g Trockengewicht
10 g Mandeln

▶ Die Birne waschen, grob raspeln und sofort mit dem Orangensaft mischen.
▶ Die Brombeeren und die Weizenkörner waschen, abtropfen lassen und auf die Birnenmischung geben.
▶ Die Mandeln grob hacken und ohne Fettzugabe in einer heißen Pfanne leicht rösten. Die gerösteten Mandeln über den Salat streuen.

ca. 240 kcal · 6 g E · 6 g F · 40 g KH · 3 BE

1. Zwischenmahlzeit

Roggenvollkornbrot mit Geflügelwurst

Zutaten: 1 Portion

60 g Roggenvollkornbrot
10 g Butter
30 g Geflügelwurst (2 Scheiben)
30 g Salatgurke ohne Schale

▶ Die Brotscheiben dünn mit der Butter bestreichen, mit der Wurst und Gurkenscheiben belegen.

ca. 240 kcal · 9 g E · 11 g F · 25 g KH · 2 BE

Mittagessen

Gemüsenudeln mit Kurkumasauce

Zutaten: 2 Portionen

- 120 g Vollkorneiernudeln
- 50 g Zwiebeln
- 100 g Möhren
- 100 g Zucchino
- 10 g Butter
- 2 Msp. Kurkuma
- frisch gemahlener Pfeffer
- frisch geriebene Muskatnuß
- 60 g saure Sahne
- 1 EL gehackte Petersilie

▶ Die Nudeln in leicht gesalzenem Wasser etwa 10 Minuten bißfest kochen.
▶ Inzwischen die Zwiebel fein würfeln. Die Möhren und den Zucchino in feine Streifen schneiden (oder grob raspeln).
▶ Die Zwiebelwürfel in der Butter glasig dünsten. Das Gemüse dazugeben und bißfest dünsten.
▶ Das Gemüse vom Herd nehmen, mit Kurkuma, Salz, Pfeffer und Muskatnuß würzen. Die Sahne dazugeben.
▶ Die Nudeln abgießen und sofort mit der Gemüsesauce mischen. Mit Muskatnuß nachwürzen und die Petersilie darüberstreuen.

ca. 319 kcal · 11 g E · 10 g F · 40 g KH · 3 BE

Dessert

- 240 g Sauerkirschen mit Steinen

ca. 60 kcal · 1 g E · 0 g F · 14 g KH · 1 BE

2. Zwischenmahlzeit

Aprikosenjoghurt mit Vollkornzwieback

Zutaten: 1 Portion

- 65 g Aprikosen mit Stein
- 125 g Joghurt (1,5% Fett)
- etwas abgeriebene Schale von einer unbehandelten Zitrone
- 20 g eifreier Vollkornzwieback (2 Stück)

▶ Die Aprikosen waschen, trockentupfen, entsteinen und vierteln. Den Joghurt glattrühren und über die Aprikosen geben.
▶ Die Zitronenschale über den Joghurt streuen und den Vollkornzwieback dazu essen.

ca. 155 kcal · 10 g E · 2 g F · 25 g KH · 2 BE

Gemüse-Geflügel-Eintopf

Zutaten: 2 Portionen

- 60 g roher Reis
- Salz
- 260 g Huhn mit Knochen
- 100 g Möhren
- 60 g Porree
- 60 g Knollensellerie
- 40 g Spargel aus der Dose
- 30 g Erbsen aus der Dose
- 20 g Diätmargarine
- gemahlener Pfeffer
- ½ Zweig Liebstöckel
- gehackte Petersilie

▶ Den Reis waschen und in etwa 350 Millilitern leicht gesalzenem Wasser etwa 20 Minuten kochen und abgießen.
▶ In der Zwischenzeit das Huhn waschen. Die Möhren, den Porree und den Sellerie grob würfeln. Das Gemüse und das Huhn in 650 Millilitern leicht gesalzenem Wasser etwa 20 Minuten kochen.
▶ Wenn das Gemüse weich ist, dieses herausnehmen und das Huhn etwa 40 Minuten weiterkochen.
▶ Das Suppengemüse fein würfeln, den Spargel in Stücke schneiden und alles mit den Erbsen mischen.
▶ Das Huhn aus der Brühe nehmen und leicht abkühlen lassen. Dann das Fleisch mit einem Messer von den Knochen lösen und kleinschneiden.
▶ Das Gemüse, das Fleisch, den Reis und die Margarine in die entfettete Brühe geben.
▶ Den Eintopf erwärmen, mit Salz, Pfeffer und gehacktem Liebstöckel abschmecken und zuletzt mit Petersilie bestreuen.

ca. 370 kcal · 24 g E · 14 g F · 30 g KH · 2 BE

Vollkornfladenbrot mit Kräuterfrischkäse

Zutaten: Für 6 Fladen

- 40 g feines Weizenvollkornmehl
- 40 g feines Roggenvollkornmehl
- 30 g Hirsemehl
- 1 TL Kümmel
- 1 Prise Meersalz oder Kräutersalz
- 125 g Buttermilch
- 5 g Sonnenblumenöl (für das Blech)

Für den Kräuterfrischkäse:

- 60 g Doppelrahmfrischkäse mit Kräutern (60% i. Tr.)
- 100 g Tomate

▶ Die Mehle mit dem Kümmel und dem Salz mischen.
▶ Die Buttermilch und soviel Wasser hinzurühren, bis ein weicher Teig entstanden ist. Den Teig ca. 20 Minuten quellen lassen.
▶ Den Backofen auf 220°C vorheizen. Ein Backblech einfetten.
▶ Mit einem Eßlöffel 6 gleich große Teighäufchen auf das Backblech setzen und diese flach ausstreichen (Ø ca. 12 cm, 1 BE pro Fladen).
▶ Die Fladen ca. 25 Minuten lang backen, nach 15 Minuten wenden.
▶ Die Fladen auf einem Gitter abkühlen lassen und trocken aufbewahren.
▶ Den Frischkäse glattrühren und 4 Fladenbrote damit bestreichen, die Tomate waschen, in Scheiben schneiden und auf die Brote legen.

ca. 270 kcal · 11 g E · 13 g F · 28 g KH · 2 BE

TAG 2

Frühstück

Flockenmüsli mit Pflaumen und Kokos

Zutaten: 1 Portion

- 0,5 EL ungesüßter Sanddornsaft
- 125 ml Vollmilch
- 15 g Gerstenflocken
- 15 g Roggenflocken
- 110 g Pflaumen mit Steinen
- 5 g Kokosraspel

▶ Den Sanddornsaft mit der Milch verrühren. Die Getreideflocken darin kurz quellen lassen.

▶ Inzwischen die Pflaumen waschen, entsteinen, das Fruchtfleisch vierteln und auf das Müsli geben. Die Kokosraspel zuletzt darüberstreuen.

ca. 270 kcal · 9 g E · 8 g F · 40 g KH · 3 BE

1. Zwischenmahlzeit

Kräuter-Zwiebel-Quark auf Vollkornbaguette

Zutaten: 1 Portion

- 30 g Magerquark
- 1 EL Vollmilch
- wenig Meersalz
- frisch gemahlener Pfeffer
- 20 g Frühlingszwiebel
- 0,5 EL gehackte gemischte Kräuter (Petersilie, Liebstöckel, Basilikum, Ysop)
- 60 g Vollkornbaguette

▶ Den Quark mit wenig Milch glattrühren und mit wenig Salz und Pfeffer würzen.

▶ Die Zwiebel in feine Ringe schneiden und mit den Kräutern unter den Quark rühren.

▶ Das Baguette halbieren und mit Kräuterquark bestreichen.

ca. 165 kcal · 9 g E · 1 g F · 31 g KH · 2 BE

Mittagessen

Weißkraut-Tomaten-Frischkost

Zutaten: 2 Portionen

Für die Marinade:

- 50 g Zwiebel
- 1/2 Knoblauchzehe
- 20 g Olivenöl
- 2 EL Obstessig

Für die Frischkost:

- 200 g Weißkraut
- wenig Kräutersalz
- 200 g Tomaten
- 50 g Kopfsalat
- 1 EL gehackte Petersilie

▶ Die Zwiebel fein würfeln und den Knoblauch zerdrücken. Beides in dem mäßig heißen Öl glasig dünsten, mit dem Obstessig ablöschen und die Mischung abkühlen lassen.

▶ Das Kraut in die Marinade hobeln. Mit Kräutersalz würzen und leicht kneten.

▶ Die Tomaten waschen und das Fruchtfleisch achteln. Die Stücke locker unter den Krautsalat mischen.

▶ Den Kopfsalat waschen, trockenschleudern und auf zwei Teller legen. Die Frischkost nun nochmals abschmecken und auf den Salatblättern anrichten. Die Petersilie darüberstreuen.

ca. 150 kcal · 3 g E · 10 g F · 9 g KH · 0 BE

Grünkerngemüse mit Bananen-Apfel-Sauce

Zutaten: 2 Portionen

Für das Gemüse:

- 80 g Grünkern
- 160 ml Gemüsebrühe
- 200 g Staudensellerie
- 5 g Butter
- etwas Gemüsebrühe
- 180 g Ananas

Für die Sauce:

- 125 g Joghurt (1,5% Fett)
- etwas Zitronensaft
- frisch geriebener Ingwer
- 0,5 TL Currypulver
- wenig Meersalz
- frisch gemahlener Pfeffer
- 120 g Banane
- 50 g Apfel mit Schale

▶ Den Grünkern waschen, abtropfen und in einem heißen Topf kurz darren (trocknen) lassen. Die Gemüsebrühe angießen, aufkochen und das Ganze bei geringer Hitzezufuhr zugedeckt etwa 20 Minuten köcheln lassen.

▶ Den Grünkern anschließend auf der ausgeschalteten Herdplatte weitere 10 Minuten quellen lassen.

▶ Inzwischen den Sellerie in feine Scheiben schneiden und in der mäßig heißen Butter andünsten. Etwas Gemüsebrühe angießen und den Sellerie in etwa 10 Minuten bißfest dünsten. Die Ananas würfeln.

▶ Für die Sauce den Joghurt mit etwas Zitronensaft verrühren und mit Ingwer, Curry, Salz und Pfeffer pikant würzen.

▶ Die Banane und den Apfel fein gewürfelt untermischen.

ca. 290 kcal · 11 g E · 4 g F · 53 g KH · 4 BE

Gemüsebrühe

Zutaten: Für ca. 1 Liter

- 50 g Zwiebel
- 100 g Möhren
- 100 g Knollensellerie
- 100 g Lauch
- 100 g Petersilienwurzel
- 1,5 l Wasser
- 1 Knoblauchzehe
- Liebstöckelblätter
- Petersilienstengel
- Hefeflocken oder Hefeextrakt

▶ Die Zwiebel halbieren und die Schnittflächen in einem Topf ohne Fettzugabe bräunen.

▶ Inzwischen das Gemüse kleinschneiden. Die Gemüsestücke zu der Zwiebel geben, das Wasser angießen und das Ganze nun 20 bis 30 Minuten kochen lassen.

▶ Nach etwa 15 Minuten Kochzeit den Knoblauch, den Liebstöckel und die Petersilienstengel hinzufügen und alles fertig garen.

▶ Die Brühe durch ein Sieb gießen und mit Hefeflocken oder Hefeextrakt kräftig abschmecken.

2. Zwischenmahlzeit

Vollkornsavarin mit Pfirsichsalat

Zutaten: Für 15 Savarins

- 240 g feines Weizenvollkornmehl
- 10 g frische Hefe
- 100 ml lauwarmes Wasser
- 2 Eier
- 50 g weiche Butter
- 20 g getrocknete Feige
- wenig Meersalz
- 10 g Butter für die Savarinförmchen

▶ 100 g Vollkornmehl anwärmen, in eine Schüssel geben und in die Mitte eine kleine Mulde drücken.

▶ Die Hefe hineinbröckeln, mit dem Wasser und etwas Mehl vom Rand zu einem weichen Vorteig verrühren. Diesen abgedeckt an einem warmen Ort 15 bis 20 Minuten gehen lassen, bis sich sein Volumen verdoppelt hat.

▶ Das restliche Mehl, die Eier und 1 Eßlöffel Wasser mit dem Vorteig zu einem elastischen Teig kneten. Die Feige fein hacken, zusammen mit der Butter und Salz unter den Teig kneten.

▶ 15 Savarinförmchen (7 oder 8 cm Ø) ausfetten und mit Mehl ausstäuben. Den weichen Teig in einen Spritzbeutel füllen. Den Teig in die Savarinförmchen spritzen.

▶ Den Teig abgedeckt an einem warmen Ort nochmals etwa 15 Minuten gehen lassen, bis die Förmchen gefüllt sind. Den Backofen auf 180°C vorheizen.

▶ Die Savarins 15 bis 20 Minuten goldgelb backen. Zum Abkühlen auf ein Kuchengitter stürzen.

1 Rezept (= 15 Savarins) enthält ca. 1425 kcal · 43 g E · 66 g F · 157 g KH · 1 Savarin = 1 BE

Tip:
Die gebackenen Savarins lassen sich gut einfrieren und werden nach dem Auftauen kurz aufgebacken.

Pfirsichsalat

Zutaten: 1 Portion

Für den Pfirsichsalat:

- 100 g Backpflaume
- 30 ml frisch gepreßter Orangensaft
- 75 g Pfirsich mit Stein

▶ Für den Salat die Pflaume kleinschneiden und in dem Orangensaft etwa 10 Minuten quellen lassen. Anschließend mit einer Gabel zu Mus zerdrücken.

▶ Den Pfirsich entsteinen, das Fruchtfleisch würfeln und drei Viertel davon mit dem Pflaumenpüree mischen.

▶ Den Savarin mit dem Fruchtsalat füllen und mit dem restlichen Pfirsich garnieren.

ca. 165 kcal · 4 g E · 4 g F · 24 g KH · 2 BE

Serbische Bohnensuppe

Zutaten: 2 Portionen

150 g weiße Bohnen
1 l Wasser
200 g mageres Rindfleisch
20 g Zwiebel
10 g Sonnenblumenöl
20 g Tomatenmark
20 g Möhre
100 g rote Paprikaschote
20 g Porree
Salz
gemahlener Pfeffer
Paprikapulver
Bohnenkraut

▶ Die Bohnen über Nacht in dem Wasser einweichen.
▶ Das Fleisch in etwa 0,5 Zentimeter große Würfel schneiden, die Zwiebel hacken.
▶ Die Bohnen auf ein Sieb geben, das Einweichwasser auffangen. Das Öl in einem Topf erhitzen, das Fleisch darin anbraten, die Zwiebelwürfel und das Tomatenmark kurz mitrösten.
▶ Die abgetropften Bohnen dazugeben, kurz schmoren lassen und das Einweichwasser angießen. Das Ganze etwa 1 Stunde kochen.
▶ Die Möhren, die Paprikaschote und den Porree fein schneiden. Etwa 15 Minuten vor Ende der Garzeit in die Suppe rühren und diese mit Salz, Pfeffer, Paprikapulver und Bohnenkraut kräftig abschmecken.

ca. 465 kcal · 33 g E · 17 g F · 41 g KH · 3 BE

Käsestangen

Zutaten: Für ca. 20 Stück

20 g frische Hefe (1/2 Würfel)
175 ml lauwarmes Wasser
300 g feines Weizenvollkornmehl
100 g feines Hafervollkornmehl
1 TL Meersalz
30 g geriebener Emmentaler (45% i. Tr.)
Paprikapulver edelsüß
1 Ei
50 g Butter
Kümmel und/oder Sesam

▶ Die Hefe in dem Wasser auflösen und die Mischung an einem warmen Ort etwa 15 Minuten gehen lassen, bis sich kleine Bläschen bilden.
▶ Inzwischen das Weizen- und das Hafermehl mit dem Salz, dem Käse und etwas Paprikapulver mischen. Das Ei trennen.
▶ Die Mehlmischung mit dem Hefeansatz und dem Eiweiß zu einem geschmeidigen Teig verkneten. Die Butter zerlassen, leicht abkühlen lassen und zuletzt unter den Teig kneten.
▶ 20 etwa halbfingerdicke (ca. 30 cm lange) Stangen formen.
▶ Die Teigstangen auf ein mit Backtrennpapier ausgelegtes Blech legen und abgedeckt an einem warmen Ort etwa 20 Minuten gehen lassen, bis sich ihr Volumen verdoppelt hat.
▶ Den Backofen auf 200°C vorheizen. Das Eigelb mit wenig Wasser verquirlen und die Teigstangen damit bestreichen. Kümmel und/oder Sesam darauf streuen und die Stangen in 10 bis 15 Minuten goldgelb backen.

1 Rezept (= 20 Stangen) enthält ca. 1870 kcal · 66 g E · 69 g F · 240 g KH · 20 BE

pro Stück 94 kcal · 3 g E · 3 g F · 12 g KH · 1 BE

TAG 3

Frühstück

Frühstücksmüsli

Zutaten: 1 Portion

- 20 g grobe Haferflocken
- 150 g Magermilchjoghurt
- 60 g Erdbeeren oder Mandarinen in Stücken
- 60 g Pfirsich oder Apfel in Stücken
- 1 EL Zitronensaft
- flüssiger Süßstoff nach Belieben
- 1 TL Leinsamen, geschrotet oder
- 1 TL Haselnüsse, grob gehackt

▶ Die Haferflocken mit dem Joghurt verrühren. Das Obst daruntermischen, mit Zitronensaft und Süßstoff abschmecken.

▶ Vor dem Servieren mit Leinsamen oder Haselnüssen bestreuen.

ca. 250 kcal · 10 g E · 7 g F · 37 g KH · 3 BE

Tip:
Sie können alle Obstsorten, je nach Geschmack und Jahreszeit, verwenden, dadurch ist Müsli eine immer neue Frühstücksidee oder eine kleine Mahlzeit für zwischendurch. Denken Sie jedoch immer an Ihre erlaubte Menge an Broteinheiten, und nehmen Sie die Fruchtmenge entsprechend 1 BE.

1. Zwischenmahlzeit

Vollkornbrötchen mit Senfbutter und Zucchino

Zutaten: 1 Portion

- 10 g weiche Butter
- 0,5 TL Senf
- 60 g Vollkornbrötchen
- 25 g Zucchino mit Schale
- 0,25 Kästchen Gartenkresse
- wenig Kräutersalz

▶ Die Butter cremig rühren und mit dem Senf mischen.

▶ Das Brötchen halbieren und mit der Senfbutter bestreichen. Den Zucchino in dünne Scheiben schneiden und die Brötchenhälften damit belegen. Mit Kräutersalz würzen.

▶ Die Kresse waschen, abtropfen lassen und die Brötchenhälften damit garnieren.

ca. 220 kcal · 5 g E · 9 g F · 29 g KH · 2 BE

Mittagessen

Putengeschnetzeltes in Estragonsauce

Zutaten: 2 Portionen

- 60 g Naturreis
- 150 ml ungesalzene Gemüsebrühe (Rezept siehe Seite 108)
- 200 g Putenbrust
- 20 g Weizenvollkornmehl
- wenig Kräutersalz
- frisch gemahlener Pfeffer
- Paprikapulver edelsüß
- 5 g Butter
- 50 ml trockener Weißwein oder Gemüsebrühe
- 40 g Crème fraîche
- 0,5 TL gehackter Estragon

▶ Den Reis in der Gemüsebrühe aufkochen lassen und 30 bis 40 Minuten garen. Dann ausquellen lassen.

▶ Inzwischen das Putenfleisch waschen, trockentupfen und in feine Streifen schneiden.

▶ Das Mehl mit wenig Kräutersalz, Pfeffer und Paprikapulver mischen. Die Fleischstreifen darin wenden und in der heißen Butter rundherum 2 bis 3 Minuten braten.

▶ Das Fleisch herausnehmen und warm stellen. Das Fett abgießen und den Bratensatz mit dem Wein oder der Brühe loskochen.

▶ Die Crème fraîche hineinrühren und alles rasch zu einer

sämigen Sauce einkochen lassen. Den Estragon dazugeben und die Sauce würzen.

▶ Das Fleisch unter die Sauce mischen und den Reis dazu servieren.

ca. 375 kcal · 25 g E · 12 g F · 31 g KH · 2,5 BE

Birnenspalten in Ingwercreme

- 20 g getrocknete Feige
- 40 g Sahne
- frisch geriebener Ingwer
- 130 g reife Birne mit Schale
- einige Tropfen Zitronensaft
- einige Brombeeren

▶ Die Feigen würfeln, in einem Eßlöffel Wasser etwa 10 Minuten einweichen und mit einer Gabel zu Mus zerdrücken.

▶ Inzwischen die Sahne leicht cremig schlagen, mit dem Feigenmus mischen und mit Ingwer abschmecken. Die Sauce auf zwei Teller verteilen.

▶ Die Birne halbieren und die Birnenhälften in Spalten schneiden. Diese sofort mit Zitronensaft beträufeln, damit sich das Fruchtfleisch nicht verfärbt.

▶ Die Birnenspalten auf der Creme anrichten und die Brombeeren darüberstreuen.

ca. 130 kcal · 1 g E · 6 g F · 16 g KH · 1,33 BE

2. Zwischenmahlzeit

Aprikosenmakronen

Zutaten: Für ca. 12 Stück

- 40 g getrocknete Aprikosen
- 1 EL Nußmus
- 40 g Weizenvollkornflocken
- frisch geriebener Ingwer
- etwas abgeriebene Schale von
- einer unbehandelten Zitrone
- 1 Eiweiß

▶ Die Aprikosen fein hacken und mit dem Nußmus verrühren.

▶ Die Weizenflocken in einer heißen Pfanne ohne Fettzugabe leicht bräunen.

▶ Ingwer, Zitronenschale und die Weizenflocken mit einem Eßlöffel Wasser unter das Aprikosen-Nuß-Mus rühren und alles etwa 10 Minuten quellen lassen.

▶ Das Eiweiß zu sehr steifem Schnee schlagen. Sofort locker unter die Früchtemischung heben. Den Backofen auf 180°C vorheizen.

▶ Mit einem Teelöffel den Teig in 12 Häufchen auf ein mit Backtrennpapier ausgelegtes Blech setzen. Den Teelöffel anfeuchten, die Teighäufchen leicht glattstreichen und in 10 bis 15 Minuten goldgelb backen.

1 Rezept (12 Makronen) enthält ca. 405 kcal · 13 g E · 14 g F · 55 g KH · 4 BE

3 Makronen = 1 BE

Abendessen

Grünkern-Gemüse-Salat

Zutaten: 2 Portionen

Für den Salat:

- 70 g Grünkern
- 160 ml Gemüsebrühe (Rezept siehe Seite 108)
- wenig Meersalz
- frisch gemahlener Pfeffer
- 150 g Fenchel
- 50 g Apfel mit Schale

Für die Marinade:

- 1 EL Obstessig
- 20 g kaltgepreßtes Sonnenblumenöl
- 25 g Möhre
- 25 g Knollensellerie
- 50 g rote Zwiebel

Außerdem:

- 50 g Radicchio
- 60 g Fladenbrot (Rezept siehe Seite 106) oder Vollkornbrot

▶ Den Grünkern zuerst mit kaltem und dann mit warmem Wasser abspülen. Den Grünkern mit der Gemüsebrühe in einen Topf geben, aufkochen und bei geringer Hitzezufuhr zugedeckt etwa 20 Minuten köcheln lassen.

▶ Das Getreide anschließend auf der ausgeschalteten Herdplatte weitere 10 Minuten quellen lassen, mit Salz und Pfeffer würzen und abkühlen lassen.

▶ Inzwischen für die Marinade wenig Salz in dem Essig auflösen. Das Öl darunterschlagen und die Marinade mit Pfeffer würzen.

▶ Die Möhre, den Sellerie und die Zwiebel fein würfeln und kurz in der Marinade ziehen lassen.

▶ Vom Fenchel das Grün abschneiden, waschen und beiseite legen. Die Fenchelknolle und den Apfel in feine Streifen schneiden. Beides sofort mit der Marinade mischen.

▶ Den Grünkern mit einer Gabel auflockern und ebenfalls unter den Salat heben.

▶ Den Radicchio waschen und trockenschleudern. Den Salat nochmals nachwürzen und auf den Radicchioblättern auf zwei Tellern anrichten.

▶ Das Fenchelgrün hacken und darüberstreuen. Das Brot zum Salat essen.

ca. 360 kcal · 10 g E · 13 g F · 50 g KH · 3 BE

Feigenmilch

- 10 g getrocknete Feige
- 250 ml Vollmilch
- 10 g Weizenflocken

▶ Die Feige in Stücke schneiden und zusammen mit der Milch pürieren.

▶ Die Flocken dazugeben und etwa 2 Minuten quellen lassen.

ca. 115 kcal · 5 g E · 5 g F · 12 g KH · 1 BE

TAG 4

Frühstück

Weizenschrotmüsli mit Nektarinen

Zutaten: 1 Portion

- 30 g grobes Weizenschrot
- 30 ml Wasser
- 100 g Nektarine ohne Stein
- 15 g Sahne
- etwas Zitronensaft
- 10 g Rosinen
- 5 g Kürbiskerne

▶ Das Weizenschrot mit dem Wasser verrühren und über Nacht quellen lassen.
▶ Am Morgen eine Hälfte der Nektarine pürieren. Die andere Hälfte fein würfeln.
▶ Das Weizenschrot, die Sahne und den Zitronensaft mit dem Fruchtpüree mischen. Die Nektarinenwürfel mit den Rosinen und den Kürbiskernen darüberstreuen.

ca. 245 kcal · 6 g E · 8 g F · 39 g KH · 3 BE

1. Zwischenmahlzeit

Roggenbrot mit Selleriequark

Zutaten: 1 Portion

- 15 g Knollensellerie
- etwas Zitronensaft
- 30 g Magerquark
- wenig Selleriesalz
- frisch gemahlener Pfeffer
- 60 g Roggenvollkornbrot
- etwas Selleriegrün

▶ Den Sellerie fein reiben, sofort mit etwas Zitronensaft beträufeln und mit dem Quark mischen.
▶ Den Aufstrich mit Selleriesalz und Pfeffer würzen und auf die Brote streichen.
▶ Das Selleriegrün waschen, trockentupfen, fein hacken und die Brote damit bestreuen.

ca. 150 kcal · 9 g E · 1 g F · 26 g KH · 2 BE

Mittagessen

Chicoréesalat mit Käsesauce

Zutaten: 2 Portionen

- 200 g Chicorée
- 80 g Roquefortkäse
- 10 g Pflanzenöl
- 40 ml süße Sahne
- 2 EL Weinessig
- Salz
- Pfeffer
- 4–6 Tr. Süßstoff
- 4–6 grüne Salatblätter
- 20 g Haselnüsse, gehackt oder in Blättchen

▶ Den Chicorée halbieren, den Kegel entfernen und in Ringe schneiden.
▶ Den Roquefort zerdrücken und mit den restlichen Zutaten gut vermischen.
▶ Den Chicorée in die Soße geben, vorsichtig durchmengen, auf den Salatblättern anrichten und mit den Haselnüssen bestreuen.

ca. 165 kcal · 8 g E · 12 g F · 5 g KH · 0 BE

Pizza mit Austernpilzen

Zutaten: 2 Portionen

Für den Teig:

- 10 g frische Hefe
- 60 ml lauwarmes Wasser
- 120 g feines Weizenvollkornmehl
- wenig Meersalz
- 10 g Olivenöl

Für den Belag:

- 100 g Austernpilze
- 300 g Tomaten
- 1/2 Bund Basilikum
- 50 g Muschelfleisch
- frisch gemahlener Pfeffer
- 50 g Mozzarellakäse

▶ Die Hefe in dem Wasser auflösen, Mehl und Salz dazugeben. Alles rasch zu einem geschmeidigen Teig verkneten.
▶ Dann das Öl hineinkneten und den Teig an einem warmen Ort zugedeckt etwa 1/2 Stunde aufgehen lassen, bis sich sein Volumen verdoppelt hat.
▶ In der Zwischenzeit die Austernpilze vorsichtig mit einem feuchten Tuch abreiben und eventuell zerteilen.
▶ Die Tomaten waschen, von Stielansätzen befreien und das Fruchtfleisch in Scheiben schneiden. Das Basilikum waschen, trockentupfen und fein hacken.
▶ Den Pizzateig nochmals gut durchkneten, halbieren und die Teighälften jeweils 0,5 cm dick rund ausrollen.
▶ Die Pizzas auf ein mit Backtrennpapier ausgelegtes Blech legen. Die Teigplatten mit den Tomatenscheiben belegen und die Pilze und die Muscheln gleichmäßig darauf verteilen. Die Pizzas salzen, pfeffern und mit dem Basilikum bestreuen.
▶ Den Backofen auf 225°C vorheizen. Den Mozzarellakäse in dünne Scheiben schneiden und auf die Pizzas legen. Diese an einem warmen Ort nochmals etwa 15 Minuten gehen lassen und anschließend etwa 20 Minuten backen.

ca. 350 kcal · 18 g E · 11 g F · 43 g KH · 3 BE

Dessert

- 320 g Wassermelone

ca. 80 kcal · 2 g E · 0 g F · 8 g KH · 1 BE

2. Zwischenmahlzeit

Fladenbrot mit Radieschenkeimen

Zutaten: 1 Portion

- 60 g Vollkornfladenbrot
- 15 g saure Sahne
- 5 g Radieschenkeimlinge

▶ Die Brote mit der sauren Sahne bestreichen.
▶ Die Radieschenkeimlinge waschen, abtropfen lassen und die Brote dann damit bestreuen.

ca. 170 kcal · 7 g E · 6 g F · 27 g KH · 2 BE

Rettichfrischkost auf Feldsalat

Zutaten: 2 Portionen

Für die Marinade:

- wenig Kräutersalz
- 1 EL Obstessig
- 20 g kaltgepreßtes Sonnenblumenöl
- frisch gemahlener Pfeffer

Für die Frischkost:

- 50 g Zwiebel
- 250 g Rettich
- 50 g Feldsalat
- ½ Bund Schnittlauch, in Röllchen

▶ Kräutersalz in dem Essig auflösen. Das Öl darunterschlagen und die Marinade mit Pfeffer würzen.
▶ Die Zwiebel fein würfeln. Den Rettich grob raspeln und zusammen mit der Zwiebel unter die Marinade heben.
▶ Den Feldsalat gründlich waschen, trockenschleudern und auf zwei Teller verteilen.
▶ Die Frischkost nochmals abschmecken, auf dem Feldsalat anrichten und mit den Schnittlauchröllchen bestreuen.

ca. 130 kcal · 2 g E · 10 g F · 7 g KH · 0 BE

Kartoffel-Lauch-Gratin

Zutaten: 2 Portionen

- 3 g Butter für die Form
- 400 g Kartoffeln ohne Schale
- 200 g Lauch
- wenig Meersalz
- frisch gemahlener Pfeffer
- frisch geriebene Muskatnuß
- 250 ml Vollmilch
- 1 EL gehackte Petersilie

▶ Eine Gratinform mit der Butter ausfetten. Die Kartoffeln in dünne Scheiben, den Lauch in etwas dickere Ringe schneiden.
▶ Die Kartoffelscheiben und die Lauchringe lagenweise in die Form schichten (die Kartoffeln dachziegelartig legen).
▶ Den Backofen auf 200°C vorheizen. Jede Schicht mit Salz, Pfeffer und Muskatnuß würzen. Die Milch aufkochen lassen und heiß über die Zutaten gießen.
▶ Das Gratin dann etwa 40 Minuten backen. Zuletzt mit Petersilie bestreuen.

ca. 250 kcal · 9 g E · 5 g F · 40 g KH · 3 BE

Käsecracker mit Kümmel

Portionen: ca. 40 Stück

- 20 g Butter
- 60 g saure Sahne
- 120 g feines Dinkelvollkornmehl
- 40 g feines Hafervollkornmehl
- 20 g geriebener Parmesan
- Kümmel
- wenig Kräutersalz
- frisch gemahlener Pfeffer

▶ Die Butter cremig rühren und nach und nach die saure Sahne und zwei Eßlöffel Wasser darunterrühren.
▶ Die Mehle mit dem Käse und den Gewürzen mischen und unter die Butter-Sahne-Mischung rühren. Den Teig etwa 20 Minuten abgedeckt kalt stellen.
▶ Den Backofen auf 180°C vorheizen. Den Teig zwischen 2 Lagen Frischhaltefolie dünn ausrollen. Mit einem runden Ausstecher (3 cm Ø) etwa 40 Plätzchen ausstechen.
▶ Die Plätzchen auf ein mit Backtrennpapier ausgelegtes Blech legen und etwa 15 Minuten backen.

1 Rezept (ca. 40 Cracker) enthält ca. 880 kcal · 26 g E · 33 g F · 118 g KH · 10 BE
4 Cracker = 1 BE

TAG 5

Frühstück

Gerstenmüsli mit Aprikosen

Zutaten: 1 Portion

- 30 g Gerstenflocken
- 125 g Kefir (1,5% Fett)
- 130 g Aprikosen mit Stein
- 5 g Sonnenblumenkerne

▶ Die Gerstenflocken mit dem Kefir verrühren.
▶ Die Aprikosen waschen, entsteinen, vierteln und auf das Müsli geben.
▶ Die Sonnenblumenkerne in einer heißen Pfanne ohne Fettzugabe leicht rösten und zuletzt über das Müsli streuen.

ca. 260 kcal · 9 g E · 7 g F · 38 g KH · 3 BE

1. Zwischenmahlzeit

Birne auf Vollkorntoast

Zutaten: 1 Portion

- 40 g Vollkorntoast
- 20 g Frischkäse
- 60 g reife Birne mit Schale

▶ Die Vollkorntoasts rösten und mit Frischkäse bestreichen.
▶ Die Birne halbieren und das Fruchtfleisch in dünne Scheiben schneiden. Die Toasts damit belegen.

ca. 210 kcal · 6 g E · 8 g F · 27 g KH · 2 BE

Mittagessen

Gurken-Rettich-Frischkost

Zutaten: 2 Portionen

Für die Sauce:

- wenig Kräutersalz
- 1 TL Senf
- 2 EL Obstessig
- 60 g saure Sahne
- frisch gemahlener Pfeffer
- 25 g rote Zwiebel

Für die Frischkost:

- 200 g Salatgurke ohne Schale
- 100 g Rettich
- 50 g Chicorée
- 1 EL gehackter Dill

▶ Kräutersalz, den Senf und den Essig verrühren. Die saure Sahne dazugeben und die Sauce mit Pfeffer kräftig würzen.
▶ Die Zwiebel sehr fein würfeln und in die Sauce rühren.
▶ Die Gurke und den Rettich in feine Scheiben schneiden und sofort mit der Sauce mischen.
▶ Den Chicorée waschen, trockenschleudern und auf zwei Teller verteilen. Die Frischkost auf dem Chicorée anrichten und mit dem Dill bestreuen.

ca. 70 kcal · 2 g E · 3 g F · 5 g KH · 0 BE

Gnocchi mit Zucchinosauce

Zutaten: 2 Portionen

Für die Gnocchi (6 Stück à 50 g):

- 320 g Kartoffeln mit Schale
- Kümmel
- wenig Meersalz
- frisch gemahlener Pfeffer
- frisch geriebene Muskatnuß
- 60 ml Wasser
- 10 g Butter
- 40 g feines Weizenvollkornmehl
- 1 Eigelb

Für das Fenchelgemüse:

- 200 g Fenchel
- 25 g rote Zwiebel
- 5 g Butter
- 50 ml Gemüsebrühe (Rezept siehe Seite 108)

Für die Sauce:

- 100 g Zucchino mit Schale
- 30 g Gorgonzolakäse
- 20 g Sahne
- Oregano

▶ Die Kartoffeln mit Kümmel als Pellkartoffeln kochen, anschließend schälen und noch heiß durch die Kartoffelpresse drücken. Mit Salz, Pfeffer und Muskatnuß würzen.

▶ Inzwischen das Wasser mit der Butter in einem Topf zum Kochen bringen. Das mit wenig Salz vermischte Mehl hineingeben und das Ganze zu einem Kloß rühren. So lange erhitzen, bis sich am Topfboden ein dünner Belag bildet.

▶ Den Brandteig und den Kartoffelteig mischen. Das Eigelb darunterrühren und den Teig erkalten lassen.

▶ Inzwischen vom Fenchel das Grün abschneiden und beiseite legen. Die Knolle halbieren, waschen und in feine Streifen schneiden.

▶ Die Zwiebel fein würfeln und in der mäßig heißen Butter glasig dünsten. Die Fenchelstreifen dazugeben, etwas Gemüsebrühe angießen und alles etwa 10 Minuten dünsten.

▶ Den Zucchino in feine Scheiben schneiden. Mit etwas Gemüsebrühe vom Fenchel bißfest dünsten. Die Sahne und den Käse dazugeben, das Ganze aufkochen lassen und anschließend pürieren. Die Sauce mit Salz, Pfeffer und Oregano abschmecken und warm stellen.

▶ Inzwischen reichlich leicht gesalzenes Wasser zum Kochen bringen. Aus dem Kartoffelteig sechs walnußgroße Klößchen formen und diese etwa 5 Minuten im siedenden Wasser ziehen, nicht kochen lassen.

▶ Das Fenchelgemüse mit Salz und Pfeffer würzen und auf zwei Teller verteilen. Die Gnocchi aus dem Wasser heben, abtropfen lassen und auf dem Fenchel anrichten. Mit der Zucchinosauce überziehen. Das Fenchelgrün hacken und zuletzt darüberstreuen.

ca. 420 kcal · 14 g E · 18 g F · 47 g KH · 3 BE

Dessert

- 300 g Pfirsiche mit Steinen

ca. 60 kcal · 1 g E · 0 g F · 14 g KH · 1 BE

2. Zwischenmahlzeit

Frischkäse auf Zwieback

Zutaten: 1 Portion

- 20 g frische Datteln
- etwas abgeriebene Schale von einer unbehandelten Zitrone
- 40 g körniger Frischkäse
- 20 g eifreier Vollkornzwieback

▶ Die Datteln fein würfeln und mit der Zitronenschale und dem Frischkäse verrühren. Den Zwieback damit bestreichen.

ca. 170 kcal · 9 g E · 3 g F · 26 g KH · 2 BE

Abendessen

Mexikanische Bohnensuppe

Zutaten: 2 Portionen

- 700 ml Gemüsebrühe (Rezept siehe Seite 108)
- 50 g rote Bohnenkerne
- 50 g rote Zwiebel
- ½ Knoblauchzehe
- 1 kleine Peperoni
- 10 g Olivenöl
- 100 g rote Paprikaschote
- 160 g Kartoffeln ohne Schale
- wenig Meersalz
- frisch gemahlener Pfeffer
- gemahlener Cayennepfeffer

▶ 200 Milliliter Gemüsebrühe erhitzen und die gewaschenen Bohnenkerne darin etwa 8 Stunden quellen lassen.
▶ Am nächsten Tag die Zwiebel fein würfeln und den Knoblauch zerdrücken. Die Peperoni fein hacken.
▶ Das Öl in einem Topf erhitzen und die Zwiebel-Knoblauch-Mischung darin glasig dünsten. Die Bohnen und die Peperoni dazugeben. Die restlichen 500 Milliliter Gemüsebrühe angießen und das Ganze zugedeckt etwa 1 Stunde kochen lassen.
▶ Inzwischen die Paprikaschote in kleine Würfel schneiden. Die Kartoffeln ebenfalls fein würfeln und beides etwa 15 Minuten vor Ende der Garzeit in die Suppe geben und mitkochen.
▶ Die Suppe mit Salz, Pfeffer und Cayennepfeffer würzen und das Sesambrötchen dazu essen.

ca. 250 kcal · 11 g E · 5 g F · 38 g KH · 3 BE

Sesambrötchen mit Frischkäse

Zutaten: 2 Portionen

- 120 g Vollkornsesambrötchen (2 Stück)
- 50 g Doppelrahmfrischkäse (60% i. Tr.)
- wenig Kräutersalz
- frische Kräuter (z. B. Schnittlauch)

▶ Die Brötchen halbieren, die Hälften mit dem Frischkäse bestreichen und mit dem Kräutersalz würzen.
▶ Die Kräuter gut abspülen, abtropfen lassen und die Brötchen damit hübsch garnieren.

ca. 215 kcal · 8 g E · 9 g F · 25 g KH · 2 BE

TAG 6

Frühstück

Flockenmüsli mit Walnüssen

Zutaten: 1 Portion

30 g Hafervollkornflocken
10 g getrocknete Aprikose
55 g Sauerkirschen mit Steinen
125 ml Vollmilch
1 Msp. Delifruit
5 g Walnuß

▶ Die Haferflocken in einer heißen Pfanne ohne Fettzugabe leicht rösten. Die Aprikose würfeln (eventuell vorher quellen lassen).
▶ Die Sauerkirschen entsteinen, mit den Haferflocken mischen und die Milch darübergießen. Mit Delifruit abschmecken.
▶ Die Walnuß hacken und mit den Aprikosenwürfeln auf das Müsli streuen.

ca. 280 kcal · 10 g E · 10 g F · 37 g KH · 3 BE

Tip:
Delifruit ist eine fertige Gewürzmischung aus Zimt, Anis, Koriander, Kardamom, Bourbon-Vanille und Nelken.

1. Zwischenmahlzeit

Vollkornbrot mit Kohlrabifrischkost

Zutaten: 1 Portion

60 g Vollkornbrot
5 g Butter
50 g Kohlrabi
15 g saure Sahne
wenig Kräutersalz
0,5 EL Schnittlauch

▶ Die Brotscheiben mit der Butter bestreichen.
▶ Den Kohlrabi grob raspeln, mit der sauren Sahne mischen und die Frischkost mit Kräutersalz abschmecken.
▶ Die Frischkost auf die Brote verteilen und die Schnittlauchröllchen darüberstreuen.

ca. 190 kcal · 5 g E · 6 g F · 27 g KH · 2 BE

Mittagessen

Schinkentoast

Zutaten: 2 Portionen

50 g Weißbrot
40 g gekochter Schinken
20 g Apfel
40 g Schnittkäse (45% i. Tr.)

▶ Das Weißbrot toasten und mit dem Schinken belegen. Den Ofen auf 175°C vorheizen.
▶ Das Apfelstück in Scheiben schneiden, auf den Schinken geben und mit dem Käse belegen. Den Toast etwa 5 Minuten überbacken.

ca. 190 kcal · 12 g E · 9 g F · 14 g KH · 1 BE

Chicoréegratin

Zutaten: 2 Portionen

80 g Hirse
160 ml Gemüsebrühe (Rezept siehe Seite 108)
frisch gemahlener Koriander
frisch geriebener Ingwer
Currypulver
200 g Chicorée mit Strunk
50 g Zwiebel
5 g Olivenöl
wenig Gemüsebrühe
5 g Butter für die Form
wenig Meersalz
frisch gemahlener Pfeffer
60 g saure Sahne
10 g geriebener Emmentaler
100 g Tomate
1 EL gehacktes Basilikum
10 g Pinienkerne

▶ Die Hirse zuerst mit kaltem, dann mit warmem Wasser abspülen. Die Hirse mit der Gemüsebrühe in einem Topf aufkochen und bei geringer Hitze-

zufuhr 10 bis 15 Minuten köcheln lassen.

▶ Die Hirse kräftig mit Koriander, Ingwer und Curry würzen und auf der ausgeschalteten Herdplatte weitere 10 Minuten quellen lassen.

▶ Inzwischen den Chicorée halbieren, den Strunk herausschneiden und die Blätter waschen.

▶ Die Zwiebel fein würfeln und im mäßig heißen Olivenöl glasig dünsten. Den Chicorée hinzufügen, etwas Gemüsebrühe angießen und das Gemüse bißfest dünsten.

▶ Den Backofen auf 200°C vorheizen. Die Hirse in eine gefettete Auflaufform geben. Den Chicorée darauf verteilen und mit Salz und Pfeffer würzen.

▶ Die saure Sahne mit dem Käse verrühren und über das Gratin verteilen. Das Gratin etwa 25 Minuten backen.

▶ Inzwischen die Tomate waschen, vom Stielansatz befreien und würfeln. Die Tomatenwürfel mit dem Basilikum mischen und zusammen mit den Pinienkernen über das Gratin streuen. Dieses nochmals etwa 3 Minuten backen.

ca. 330 kcal · 10 g E · 15 g F · 38 g KH · 2 BE

Apfelspalten in Sanddorn-Joghurt-Sauce

10 g getrocknete Aprikose
125 g Joghurt (1,5% Fett)
2 EL ungesüßter Sanddornsaft
150 g Apfel mit Schale
einige Himbeeren zum Garnieren

▶ Die Aprikose würfeln und in wenig Wasser etwa 15 Minuten quellen lassen. Inzwischen den Joghurt mit dem Sanddornsaft verrühren und auf zwei Teller geben.

▶ Den Apfel in Spalten schneiden, auf dem Joghurt verteilen und das Ganze mit den Himbeeren und den Aprikosenwürfelchen garnieren.

ca. 90 kcal · 3 g E · 1 g F · 16 g KH · 1,25 BE

▶ Die Mandarine schälen und in einzelne Spalten teilen. Die Krabben abtropfen lassen und zusammen mit den Mandarinen unter den Fenchelsalat mischen.
▶ Den Salat nochmals abschmecken. Die Brunnenkresse auf zwei Tellern verteilen und den Salat darauf anrichten. Mit Dill bestreuen und das Brot dazu essen.

ca. 260 kcal · 14 g E · 2 g F · 45 g KH · 3 BE

2. Zwischenmahlzeit

Johannisbeer-Zwetschgen-Mus auf Knäckebrot

Zutaten: 1 Portion

20 g getrocknete Zwetschgen
15 ml Apfelsaft
15 g schwarze Johannisbeeren
etwas abgeriebene Schale von
einer unbehandelten Zitrone
Zimt
10 g Magerquark
20 g Vollkornknäckebrot

▶ Die Zwetschgen etwa 10 Minuten im Apfelsaft quellen lassen und anschließend zusammen mit den Johannisbeeren pürieren. Das Püree mit Zitronensaft und Zimt abschmecken.
▶ Den Quark unter das Püree rühren und die Knäckebrote damit bestreichen.

ca. 130 kcal · 4 g E · 1 g F · 25 g KH · 2 BE

Abendessen

Fenchel-Krabben-Salat

Zutaten: 2 Portionen

Für die Sauce:
wenig Meersalz
1 EL Zitronensaft
125 g Joghurt (1,5% Fett)
Currypulver
frisch gemahlener Pfeffer
Für den Salat:
200 g Fenchel
180 g Mandarine mit Schale
50 g Krabben
1 EL gehackter Dill
etwas Brunnenkresse vom Mittag
140 g Roggenvollkornbrot

▶ Das Meersalz in dem Zitronensaft auflösen. Den Joghurt darunterrühren und die Sauce mit Curry und Pfeffer kräftig würzen.
▶ Den Fenchel halbieren und waschen. In sehr feine Streifen schneiden und sofort unter die Sauce mischen.

Buttermilch-Bananen-Shake

60 g Banane
250 g Buttermilch
20 g Vollkornzwieback

▶ Die Banane mit einer Gabel zerdrücken und zusammen mit der Buttermilch pürieren. Den Zwieback dazu essen.

ca. 100 kcal · 7 g E · 2 g F · 15 g KH · 1 BE

TAG 7

Frühstück

Vollkornbrot mit Aprikosen-Nuß-Mus

Zutaten: 1 Portion

- 10 g getrocknete Aprikose
- 5 g Haselnüsse
- etwas abgeriebene Schale von einer unbehandelten Orange
- 75 g Weizenschrotbrot

▶ Die Aprikose (vorher eventuell quellen lassen) hacken und zusammen mit 1 EL Wasser mit einer Gabel zu Mus zerdrücken.
▶ Die Haselnüsse unter das Aprikosenmus ziehen und das Mus mit Orangenschale abschmecken. Das Mus auf die Brote streichen.

ca. 220 kcal · 7 g E · 4 g F · 38 g KH · 3 BE

1. Zwischenmahlzeit

Orangensalat mit knusprigen Weizenflocken

Zutaten: 1 Portion

- 20 g Weizenvollkornflocken
- 180 g Orange mit Schale
- 0,5 EL ungesüßter Sanddornsaft

▶ Die Weizenflocken in einer heißen Pfanne ohne Fettzugabe leicht bräunen.
▶ Inzwischen die Orange schälen, auch die weiße Haut abschneiden. Die Frucht halbieren und quer in Scheiben schneiden.
▶ Den dabei austretenden Saft mit dem Sanddornsaft mischen und über die Orange geben.
▶ Die gerösteten Weizenflocken darüberstreuen.

ca. 120 kcal · 3 g E · 1 g F · 25 g KH · 2 BE

Lammsteaks mit Tomatencoulis und Bohnen

Zutaten: 2 Portionen

600 ml Gemüsebrühe (Rezept siehe Seite 108)
50 g getrocknete rote Bohnen
50 g Zwiebel
1 Knoblauchzehe
200 g Tomaten
320 g Kartoffeln ohne Schale
1 Zwiebel, gespickt mit 1 kleinem Lorbeerblatt, 1 Nelke und 1 Thymianzweig
etwas Obstessig
wenig Meersalz
frisch gemahlener Pfeffer
5 g Butter
1 EL gehacktes Basilikum
200 g Lammsteaks (2 Stück)
5 g Kokosfett
gemahlener Rosmarin

▶ 200 Milliliter Gemüsebrühe erhitzen und die gewaschenen Bohnenkerne darin etwa 8 Stunden quellen lassen.
▶ Die restliche Gemüsebrühe zu den Bohnen geben, aufkochen und bei geringer Hitzezufuhr etwa 1 Stunde köcheln lassen.
▶ Die Zwiebel fein würfeln, den Knoblauch zerdrücken. Die Tomaten halbieren und das Fruchtfleisch würfeln.
▶ Die Kartoffeln vierteln und nach etwa 40 Minuten Garzeit zusammen mit der gespickten Zwiebel zu den Bohnen geben. Eventuell noch etwas Gemüsebrühe hinzufügen und das Ganze fertig garen.
▶ Das Bohnen-Kartoffel-Gemüse zuletzt mit etwas Essig, Salz und Pfeffer abschmecken.
▶ Die Lammsteaks waschen, trockentupfen und mit Pfeffer und Rosmarin würzen. Die Steaks von beiden Seiten etwa 3 Minuten braten und dann salzen.
▶ Die Zwiebelwürfel und den Knoblauch in der mäßig heißen Butter glasig dünsten. Die Tomatenwürfel dazugeben und kurz erhitzen. Das Basilikum darunterziehen, mit Salz und Pfeffer abschmecken.
▶ Das Tomatencoulis über die Steaks geben. Nun die gespickte Zwiebel aus dem Bohnengemüse entfernen und das Gemüse zu den Steaks essen.

ca. 50 kcal · 25 g E · 26 g F · 50 g KH · 3 BE

Heidelbeer-Melonen-Cocktail

- 200 g Honigmelone
- 2 EL ungesüßter Sanddornsaft
- 2 Msp. Delifruit (siehe Seite 120)
- 120 g Heidelbeeren

▶ Das Fruchtfleisch der Honigmelone in feine Würfel schneiden und mit dem Sanddornsaft und dem Delifruit mischen. Die Melonenwürfel auf zwei Teller verteilen.
▶ Die Heidelbeeren waschen, abtropfen lassen und über die Melonenwürfel streuen.

ca. 65 kcal · 1 g E · 0 g F · 14 g KH · 1 BE

2. Zwischenmahlzeit

Aprikosen-Kokos-Kekse

Zutaten: Für ca. 48 Stück

- 180 g getrocknete Aprikosen
- 100 g Butter
- etwas Zitronensaft
- Mark von 1/2 Vanilleschote
- wenig Meersalz
- 300 g feines Weizenvollkornmehl
- 100 g frische Kokosraspel
- 1 Eigelb

▶ Die Aprikosen etwa 15 Minuten in wenig Wasser quellen lassen und anschließend pürieren.
▶ Die Butter schaumig rühren und das Aprikosenpüree, etwas Zitronensaft, das Vanillemark und 1 Prise Salz hinzufügen.
▶ Das Mehl mit den Kokosraspeln mischen und nach und nach unter die Buttermischung kneten. Der Teig sollte nicht kleben und formbar sein.
▶ Den Teig zu einer Rolle (3 cm Ø) formen, die Rolle in Butterbrotpapier einschlagen und etwa 30 Minuten kalt stellen.
▶ Den Backofen auf 180°C vorheizen. Ein Blech mit Backtrennpapier auslegen. Von der Teigrolle 48 etwa 1 Zentimeter dicke Scheiben abschneiden und diese auf das Blech legen.
▶ Das Eigelb mit etwas Wasser verquirlen, die Teigscheiben damit bestreichen und die Kekse nun 15 bis 20 Minuten backen.

1 Rezept (ca. 48 Kekse) enthält ca. 2930 kcal · 54 g E · 157 g F · 313 g KH · 26 BE
2 Kekse = 1 BE

Reissalat mit Topinambur

Zutaten: 2 Portionen

Für den Salat:

- 50 g Zwiebel
- 1 Knoblauchzehe
- 90 g Naturreis
- 5 g Olivenöl
- 200 ml heiße Gemüsebrühe (Rezept siehe Seite 108)
- 100 g Topinambur (kartoffelähnliche Wurzelknolle)
- 50 g Zucchino mit Schale
- 50 g Chicorée

Für die Marinade:

- wenig Kräutersalz
- 1 EL Obstessig
- 20 g kaltgepreßtes Sonnenblumenöl
- frisch gemahlener Pfeffer

Für die Sauce:

- 30 g saure Sahne
- etwas Zitronensaft
- 1 EL gehackter Kerbel

▶ Die Zwiebel fein würfeln und den Knoblauch zerdrücken. Den Reis zuerst mit kaltem und dann mit warmem Wasser abspülen.

▶ Das Olivenöl in einem Topf erhitzen und die Zwiebel, den Knoblauch und den Reis darin anschwitzen.

▶ Die Gemüsebrühe angießen, das Ganze aufkochen und zugedeckt bei geringer Hitzezufuhr 30 bis 40 Minuten köcheln lassen. Anschließend auf der ausgeschalteten Herdplatte weitere 10 Minuten quellen und dann abkühlen lassen.

▶ Inzwischen für die Marinade Kräutersalz in dem Essig auflösen, das Öl darunterschlagen und die Marinade mit Pfeffer würzen.

▶ Den Topinambur und den Zucchino grob raspeln oder fein würfeln und unter die Marinade mischen.

▶ Den Chicorée waschen, abtropfen lassen und die Blätter auf zwei Teller legen.

▶ Den abgekühlten Reis mit einer Gabel auflockern und vorsichtig mit den Salatzutaten mischen. Den Salat etwa 15 Minuten durchziehen lassen, abschmecken und auf dem Chicorée anrichten.

▶ Die saure Sahne mit etwas Zitronensaft verrühren und mit Salz und Pfeffer würzen. Die Sauce über den Salat ziehen und den Kerbel darüberstreuen.

ca. 360 kcal · 7 g E · 16 g F · 43 g KH · 3 BE

Weizenvollkorntoast mit Kerbel-Crème fraîche

- 50 g Weizenvollkorntoast
- 10 g Crème fraîche
- etwas Zitronensaft
- 1 TL gehackter Kerbel
- wenig Meersalz
- frisch gemahlener Pfeffer
- 50 g Salatgurke ohne Schale

▶ Die Toastscheiben rösten. Die Crème fraîche mit etwas Zitronensaft und dem Kerbel verrühren und mit Salz und Pfeffer abschmecken.

▶ Die Creme auf die Vollkorntoasts streichen, mit dünnen Gurkenscheiben belegen.

ca. 90 kcal · 3 g E · 3 g F · 14 g KH · 1 BE

Tagespläne für circa 2 000 Kilokalorien/18 BE

Tag	Frühstück 4 BE	1. Zwischenmahlzeit 2 BE	Mittagessen 5 BE	2. Zwischenmahlzeit 2 BE	Abendessen 5 BE
1	Müsli mit Kiwi und Banane	Roggenvollkornbrot mit Gemüseaspik	Sauerbraten mit Kartoffelknödel und Rotkraut (Vorbereitung 2–3 Tage), bunter Obstsalat	Birnen-Aprikosen-Joghurt	Vollkornbrot mit gemischtem Aufschnitt
2	Grahambrot mit Frischkäse und Konfitüre	Fruchtquark und Knäckebrot	Kürbissuppe, Saltimbocca mit Blattspinat und Bratkartoffeln, Vanillepudding mit Kirschen	Früchtejoghurt	Bürgerliche Kartoffelsuppe mit Putendebreziner und Roggenbrötchen
3	Vollkornbrot mit Frischkäse und Konfitüre	Fünfkornbrot mit Putenstreichwurst	Bohneneintopf mit Lammfleisch, Aprikosen	Obstsalat	Gefüllte Zucchini mit Roggenbaguette
4	Schinkenbrot	Apfel-Zimt-Joghurt	Seezunge mit Kapernsauce und Reis, Salat mit Radieschen und Apfel	Orange und Diabetiker-Müsliriegel	Tomaten mit Mozzarella und Basilikum, Honigmelone
5	Käsebrötchen	Erdbeer-Buttermilch-Cocktail	Hirseauflauf mit Fruchtsauce	Quitten-Apfel-Kompott	Matjesfilet „Hausfrauenart“ mit Pellkartoffeln, Rote-Bete-Mais-Salat
6	Graubrot mit Putenmortadella	Sanddorn-Dickmilch und Aprikosenmakronen	Hähnchenbrust mit Fenchel und Naturreis	Karottenmüsli	Salatplatte mit Ei und Vollkornbrötchen, Bananensalat mit Kefir
7	Frischkornmüsli (Quellzeit 8–12 Stunden)	Roggenvollkornbrot mit Kräuterquark	Pfeffersteak mit Brokkoli und Bircher-Benner-Kartoffeln, rote Grütze mit Vanillesauce	2 Stück Käsekuchen	Stangenspargel, Schinkenpfannkuchen und Dillkartoffeln, Schokoladenpudding

TAG 1

Frühstück

Müsli mit Kiwi und Banane

Zutaten: 1 Portion

- 60 g Kiwi
- 60 g Banane
- 60 g Magerquark
- 125 ml fettarme Milch
- 50 ml Mineralwasser
- 40 g Vollkornmüsli (ballaststoffreich) ohne Zucker
- flüssiger Süßstoff

▶ Die Kiwi schälen und würfeln, die Banane in einem Plastikgefäß verquirlen.
▶ Magerquark mit Milch, Mineralwasser und pürierter Banane verquirlen, mit Süßstoff abschmecken und zusammen mit gewürfelter Kiwi über das Müsli gießen.
▶ Das Müsli muß frisch zubereitet und gegessen werden, da sich die Quark-Obstmischung mit der Zeit zersetzt.

ca. 301 kcal · 18 g E · 5 g F ·

1. Zwischenmahlzeit

Roggenvollkornbrot mit Gemüseaspik

Zutaten: 1 Portion

- 60 g Roggenvollkornbrot
- 10 g Butter
- 40 g Gemüseaspik
- 65 g Tomate

▶ Die Butter auf das Brot streichen, mit Gemüseaspik und Tomatenscheiben belegen.

ca. 220 kcal · 6 g E · 9 g F · 28 g KH · 2 BE

Mittagessen

Sauerbraten mit Kartoffelknödel und Rotkraut

Zutaten: 2 Portionen

Für die Marinade:

- 40 g Zwiebel
- 100 g Karotte
- 150 g Sellerieknolle
- 125 ml Wasser
- 75 ml Essig
- 50 ml trockenen Rotwein
- 2 Lorbeerblätter
- 2 ganze Nelken
- 2 Pimentkörner

Für den Braten:

- 300 g mageres Rindfleisch
- 1 EL Pflanzenöl
- 1 EL Tomatenmark
- 1 g Bindemittel
- 1 Prise Salz

Für das Rotkraut:

- 500 g Rotkraut
- 10 g Pflanzenfett
- 100 g geschälter Apfel
- 80 g Zwiebeln
- 2 Nelken
- 2 Lorbeerblätter
- 1 EL Essig
- 1 EL Rotwein
- 1 Prise Salz
- 250 ml Wasser

Für die Knödel:

- 60 g Fertigpulver

▶ Zwiebel, Karotte und Sellerieknolle putzen, waschen, in Würfel schneiden und zusammen mit den restlichen Zutaten die Marinade herstellen.
▶ Den Rinderbraten waschen, abtropfen lassen und in die Marinade legen, so daß das Fleisch völlig bedeckt ist. Unter gelegentlichem Wenden 2–3 Tage zugedeckt im Kühlschrank marinieren.

▶ Den Braten mit einem Küchenpapier trocknen, in heißem Öl scharf anbraten.
▶ Das Fleisch herausnehmen, das gewürfelte Gemüse aus der Marinade abseien und zusammen mit dem Tomatenmark in Öl anschwitzen.

▶ Mit etwas Marinade ablöschen und einkochen lassen, diesen Vorgang dreimal wiederholen.
▶ Dann die restliche Marinade zugießen, das Fleisch hineinlegen und ca. 1 Stunde zugedeckt bei mittlerer Hitze schmoren; die während des Schmorens verdampfte Flüssigkeit durch Wasser ergänzen.
▶ Das Fleisch aus dem Topf nehmen, etwas ruhen lassen und in dünne Scheiben schneiden.
▶ Die Sauce durch ein Sieb streichen, mit dem Bindemittel leicht andicken, mit Salz und Pfeffer abschmecken und mit dem Fleisch servieren.

▶ Das Rotkraut putzen, waschen, hobeln und den Strunk entfernen.
▶ Das Fett im Topf erhitzen, 1 feingeschnittene Zwiebel und den feingeschnittenen Apfel hinzugeben, kurz andünsten.
▶ Das Kraut zufügen, kurz durchdünsten, den Essig zugeben, salzen und Wasser zugeben.
▶ Als Geschmacksverbesserung die 2. Zwiebel mit Lorbeer und Nelken spicken und zum Rotkraut geben.
▶ Zugedeckt bei mäßiger Hitze weich dünsten (Garzeit 50–60 Minuten).

▶ Nach dem Garen mit Rotwein abschmecken und evtl. nachwürzen.

▶ Kartoffelknödelpulver nach Anleitung zubereiten (90 g Knödel = 2 BE pro Portion).

ca. 626 kcal · 30 g E · 27 g F · 51 g KH · 2,5 BE

Bunter Obstsalat

100 g Birne
120 g Banane
130 g Orange
190 g Erdbeeren
1 TL gehackte Mandeln
Saft von 1/2 Zitrone
Süßstoff

▶ Das Obst schälen oder putzen und in kleine Würfel schneiden.
▶ Den Zitronensaft zugeben, mit Süßstoff abschmecken und das Obst gut mischen.
▶ Den Obstsalat etwas ziehen lassen, auf 2 Schälchen verteilen und mit Mandelsplittern bestreuen.

ca. 140 kcal · 1 g E · 1 g F · 30 g KH · 2,5 BE

2. Zwischenmahlzeit

Birnen-Aprikosen-Joghurt

Zutaten: 1 Portion

125 g Joghurt (1,5% Fett)
100 g Birne
10 g getrocknete Aprikose
Zitronensaft
2–3 Tropfen Süßstoff

▶ Die Aprikose in Wasser einweichen, dann mit der Gabel zerdrücken, die Birne in kleine Würfel schneiden.

▶ Den Joghurt, die Aprikose und die Hälfte der Birnenwürfel mixen, nach Geschmack Zitronensaft und Süßstoff zugeben.

▶ Die zweite Hälfte der Birnenwürfel unterheben.

ca. 140 kcal · 5 g E · 2 g F · 25 g KH · 2 BE

Abendessen

Vollkornbrot mit gemischtem Aufschnitt

Zutaten: 2 Portionen

240 g Roggenvollkornbrot
(ca. 4 Scheiben)
20 g Butter
50 g magerer Bierschinken
120 g Emmentaler (45% i. Tr.)
300 g Mixed Pickles

▶ Die Butter auf das Brot streichen, mit Wurst und Käse belegen.

ca. 642 kcal · 32 g E · 33 g F · 56 g KH · 4 BE

TAG 2

Frühstück

Grahambrot mit Frischkäse und Konfitüre

Zutaten: 1 Portion

90 g Grahambrot
10 g Butter
25 g Diätkonfitüre
40 g körniger Frischkäse

▶ Das Brot mit Butter und Frischkäse bestreichen, die Konfitüre darüber geben.

ca. 360 kcal · 12 g E · 11 g F · 51 g KH · 4 BE

1. Zwischenmahlzeit

Fruchtquark und Knäckebrot

Zutaten: 1 Portion

130 g Grapefruit oder Orange
80 g Magerquark
20 ml Mineralwasser
20 g Vollkornknäckebrot

▶ Die Frucht schälen und in kleine Stücke schneiden, mit Quark und Mineralwasser mixen, nach Bedarf mit Süßstoff abschmecken.

▶ Das Knäckebrot zum Fruchtquark essen.

ca. 165 kcal · 14 g E · 1 g F · 23 g KH · 2 BE

Mittagessen

Kürbissuppe

Zutaten: 2 Portionen

150 g Kürbis (alternativ: frische Zucchini)
150 g rote Bete
0,5 EL Pflanzenöl
500 ml Gemüsebrühe (Rezept siehe Seite 108)
Salz
frisch gemahlener Pfeffer
Paprikapulver edelsüß
1 Bund Petersilie
15 g saure Sahne (10% Fett)

▶ Den Kürbis und die rote Bete schälen, das Fruchtfleisch in Würfel schneiden.

▶ Die Gemüsestückchen im Öl andünsten, mit der Brühe aufgießen, etwa 30 Minuten köcheln lassen, bis das Gemüse gar ist.

▶ Mit den Gewürzen abschmecken und in zwei Schälchen aufteilen.

▶ Feingehackte Petersilie darüber streuen und saure Sahne vorsichtig dazugeben.

ca. 110 kcal · 4 g E · 4 g F · 15 g KH · 0,5 BE

Saltimbocca mit Blattspinat und Bratkartoffeln

Zutaten: 2 Portionen

Für den Spinat:

- 300 g Blattspinat (tiefgekühlt)
- 1/2 EL Olivenöl
- 1 kleine Knoblauchzehe
- Saft von 1/2 Zitrone

Für die Bratkartoffeln:

- 400 g Kartoffeln
- 40 g Pflanzenöl
- Salz

Für die Saltimbocca:

- 2 dünne Kalbsschnitzel à 100 g
- 2 Scheiben roher, geräucherter Schinken à 40 g
- 8 frische Salbeiblätter
- 1 EL Pflanzenöl

▶ Den Blattspinat auftauen und kurz dünsten.

▶ Mit Olivenöl, Zitronensaft, zerdrücktem Knoblauch, Salz und Pfeffer würzen und warm stellen.

▶ Die Kartoffeln waschen, schälen, in dünne Scheiben schneiden und mit Küchenkrepp trocknen.

▶ Das Pflanzenöl in der Pfanne erhitzen, die Kartoffelscheiben zugeben und mehrmals wenden, bis sie goldgelb sind und sich mit der Gabel leicht einstechen lassen.

▶ Zum Schluß die Bratkartoffeln mit einer Prise Salz würzen und warm stellen.

▶ Das Öl in einer Pfanne erhitzen, die Schinkenscheiben und die Salbeiblätter kurz anbraten, dann warm stellen.

▶ Die Schnitzel würzen und in derselben Pfanne von jeder Seite 2 Minuten kräftig braten.

▶ Auf jedem Schnitzel 1 Scheibe Schinken und 4 Salbeiblätter anrichten.

ca. 655 kcal · 30 g E · 43 g F · 35 g KH · 2,5 BE

Vanillepudding mit Kirschen

- 250 ml Milch (1,5% Fett)
- 15 g Vanillepuddingpulver
- Süßstoff
- 220 g saure Kirschen

▶ Den Vanillepudding nach Anleitung zubereiten, den Zucker aber durch Süßstoff ersetzen.

▶ Den heißen Pudding auf zwei Schalen verteilen und kalt stellen, dann die Kirschen auf den Pudding geben.

ca. 135 kcal · 6 g E · 2 g F · 24 g KH · 2 BE

2. Zwischenmahlzeit

Früchtejoghurt

Zutaten: 1 Portion

- 250 g Joghurt natur (1,5% Fett)
- 170 g Heidelbeeren frisch oder tiefgekühlt
- Saft von $1/2$ Zitrone
- flüssiger Süßstoff

▶ Frische Heidelbeeren waschen und gut abtropfen lassen, tiefgekühlte auftauen.
▶ Den Joghurt mit dem Saft einer halben Zitrone und nach Bedarf mit 3–4 Tropfen Süßstoff vermischen.
▶ Die Heidelbeeren unter den Joghurt mischen.

ca. 175 kcal · 10 g E · 5 g F · 23 g KH · 2 BE

Abendessen

Bürgerliche Kartoffelsuppe mit Putendebreziner und Roggenbrötchen

Zutaten: 2 Portionen

- 480 g Kartoffeln
- 100 g Karotten
- 100 g Sellerie
- 100 g Zwiebeln
- 10 g Pflanzenfett
- 1 Msp. Majoran
- 400 ml Gemüsebrühe (Rezept siehe Seite 108)
- $1/4$ Bund Petersilie
- 2 Paar Putendebreziner
- 2 Roggenbrötchen

▶ Kartoffeln, Sellerie und Karotten waschen, schälen und das Gemüse in gleichmäßige Würfel schneiden.
▶ Das Fett in einem Topf erhitzen, die Zwiebel schälen, würfeln und andünsten.
▶ Gemüse hinzufügen, mit Gemüsebrühe aufgießen und mit Salz und Majoran würzen.
▶ Bei mäßiger Hitze gar kochen lassen.
▶ Die Debreziner waschen und in einem offenen Topf mit heißem Wasser ca. 5 Minuten ziehen lassen.
▶ Die Petersilie waschen, klein schneiden und über die Kartoffelsuppe streuen.
▶ Die Kartoffelsuppe mit den heißen Debrezinern anrichten, dazu ein Roggenbrötchen reichen.

ca. 585 kcal · 41 g E · 14 g F · 73 g KH · 5 BE

TAG 3

Frühstück

Vollkornbrot mit Frischkäse und Konfitüre

Zutaten: 1 Portion

- 20 g Roggenknäckebrot
- 55 g Dinkelbrötchen
- 15 g Butter
- 25 g Diätkonfitüre
- 30 g Frischkäse (60% i. Tr.)

▶ Das Brot mit Butter, Frischkäse und Konfitüre bestreichen.

ca. 460 kcal · 11 g E · 24 g F · 49 g KH · 4 BE

1. Zwischenmahlzeit

Fünfkornbrot mit Putenstreichwurst

Zutaten: 1 Portion

- 60 g Fünfkornbrot
- 30 g Putenstreichwurst
- 50 g Gewürzgurke

▶ Das Brot mit der Putenwurst bestreichen und mit Gurkenscheiben belegen.

ca. 216 kcal · 9 g E · 8 g F · 27 g KH · 2 BE

Mittagessen

Bohneneintopf mit Lammfleisch

Zutaten: 2 Portionen

- 100 g getrocknete weiße Bohnen
- 160 g Lammschulter
- Salz
- frisch gemahlener Pfeffer
- 50 g Zwiebeln
- 10 g Butter
- 100 g grüne Bohnen
- 320 g Kartoffeln
- 1 Bund Suppengrün
- 1/2 Chilischote
- 1/2 Bund frisches Basilikum
- 2 Zweige frischer Thymian
- 500 ml Gemüsebrühe (Rezept siehe Seite 108)
- 2 Stengel Bohnenkraut
- 30 g saure Sahne

▶ Die weißen Bohnen über Nacht in 350 ml Wasser quellen lassen.
▶ Die Butter in einem Topf erhitzen, das Lammfleisch in Würfel schneiden und im heißen Fett anbraten.
▶ Mit Salz und Pfeffer würzen, die gewürfelten Zwiebeln zugeben und kurz mitbraten.
▶ Die Kartoffeln schälen und in gleich große Würfel schneiden.
▶ Die weißen Bohnen abtropfen lassen, zwei Eßlöffel voll wegnehmen, den Rest mit dem Suppengrün und den Kartoffeln zum Fleisch geben.
▶ Die Chilischote, die Gewürzkräuter und die Gemüsebrühe zugeben und den Eintopf zugedeckt ca. 60–70 Minuten köcheln lassen.
▶ Die grünen Bohnen halbieren und mit dem Bohnenkraut etwa 15 Minuten vor Ende der Garzeit zu dem Eintopf geben.
▶ Die zwei Eßlöffel weiße Bohnen und etwas Brühe mit der sauren Sahne mischen, pürieren, in den Eintopf geben und nachwürzen.

ca. 624 kcal · 31 g E · 23 g F · 69 g KH · 4 BE

Dessert

240 g Aprikosen

ca. 56 kcal · 1 g E · 0 g F · 12 g KH · 1 BE

2. Zwischenmahlzeit

Obstsalat

Zutaten: 1 Portion

120 g Mandarinen (wahlweise Äpfel oder Orangen)
130 g Grapefruit
0,5 EL ungesüßter Sanddornsaft
0,5 EL (5 g) Mandelblättchen
0,5 TL frisch geriebener Ingwer

▶ Die Mandarinen schälen und in Spalten teilen.
▶ Die Grapefruit schälen und die Filets herauslösen.
▶ Die restlichen inneren Schalenteile auspressen, den Saft auffangen und mit dem Sanddornsaft mischen.
▶ Die Mandelblättchen in einer heißen Pfanne ohne Fettzugabe leicht rösten.
▶ Die Obststücke auf einem Teller verteilen, mit dem Saft begießen und erst den Ingwer, dann die Mandelblättchen darüberstreuen.

144 kcal · 3 g E · 3 g F · 25 g KH · 2 BE

Abendessen

Gefüllte Zucchini mit Roggenbaguette

Zutaten: 2 Portionen

2 Zucchini à 100 g
50 g Champignons
1 Knoblauchzehe
5 g Pflanzenöl
30 g Reibekäse (z. B. Emmentaler) (45% i. Tr.)
Pfeffer
Salz
Muskat
Basilikum, Thymian
Rosmarin
10 g Parmesan, gerieben
5 g gehackte Petersilie (2 TL)
200 ml Tomatensaft oder -püree
90 g Vollkornreis
120 g Roggenbaguette

▶ Die Zucchini längs halbieren und mit einem Teelöffel aushöhlen.
▶ Das Fruchtfleisch kleinschneiden, mit den blättrig geschnittenen Champignons und der Hälfte vom zerdrückten Knoblauch im erhitzten Öl weichdünsten.
▶ Mit Reibekäse und Gewürzen vermengen.
▶ Den Backofen auf 200°C vorheizen.
▶ Die Füllung in die Zucchinihälften streichen und mit geriebenem Parmesan bestreuen.
▶ Den Reis in Salzwasser 30–40 Minuten kochen.
▶ Den Tomatensaft mit Knoblauch und Thymian würzen, in eine feuerfeste Auflaufform gießen, die Zucchini hineinsetzen und abgedeckt bei 200°C etwa 30 Minuten im Backofen garen.
▶ Weitere 5 Minuten offen überbacken.
▶ Die Zucchini und den Reis auf 2 Tellern anrichten und die Sauce über den Reis geben.

ca. 550 kcal · 17 g E · 11 g F · 70 g KH · 5 BE

TAG 4

Frühstück

Schinkenbrot

Zutaten: 1 Portion

- 120 g Weizenvollkornbrot
- 15 g Butter
- 50 g magerer Schinken

▶ Die Butter auf das Brot streichen, mit Schinken belegen.

ca. 460 kcal · 19 g E · 20 g F · 49 g KH · 4 BE

1. Zwischenmahlzeit

Apfel-Zimt-Joghurt

Zutaten: 1 Portion

- 250 g Joghurt natur (1,5% Fett)
- 100 g Apfel
- 1 Msp. Zimt
- Saft von ½ Zitrone
- 3–4 Tropfen flüssiger Süßstoff

▶ Den Joghurt mit Zitronensaft, Süßstoff und Zimt verrühren.
▶ Den Apfel waschen, entkernen, auf einer Küchenreibe grob raspeln und unter den Joghurt mischen.

ca. 173 kcal · 9 g E · 4 g F · 25 g KH · 2 BE

Mittagessen

Seezunge mit Kapernsauce und Reis

Zutaten: 2 Portionen

- 300 g Seezunge
- 120 g Naturreis

Für den Fischsud:

- 2 EL Weißweinessig
- 1 Lorbeerblatt
- 2 Wacholderbeeren
- 4 Pfefferkörner, schwarz
- 20 g Zwiebeln
- Salz

Für die Kapernsauce:

- 10 g Butter
- 25 g Zwiebeln
- 250 ml Fischbrühe
- 10 g Kapern
- 1 TL Sojasauce
- 1 TL Zitronensaft
- Pfeffer
- Salz
- 2 g Bindemittel
- ½ Bund Petersilie

▶ Den Fischsud kurz aufkochen, die Seezunge bei kleiner Hitze etwa 10 Minuten garen, dann herausnehmen und warm stellen.
▶ Die Fischbrühe in ein Gefäß abseihen.
▶ Den Reis in Salzwasser aufsetzen und 30–40 Minuten kochen.
▶ Die Butter in einer Pfanne erhitzen und die Zwiebelwürfel darin glasig dünsten.
▶ Die Fischbrühe zugießen, Bindemittel, Kapern und Sojasauce zugeben und unter Rühren kurz aufkochen lassen.
▶ Mit Zitronensaft, Salz und Pfeffer abschmecken, den Fisch zugeben und erwärmen.
▶ Mit fein gehackter Petersilie bestreuen und zusammen mit dem Reis servieren.

ca. 550 kcal · 35 g E · 16 g F · 61 g KH · 5 BE

Salat mit Radieschen und Apfel

- 60 g Kopfsalat
- 1 Bund Radieschen
- 150 g Apfel
- 125 g Joghurt (1,5% Fett)
- 1 EL Pflanzenöl
- 1 TL Senf
- 0,5 TL Essig
- Curry

▶ Den Salat waschen und zupfen.
▶ Die Radieschen waschen und in Scheiben schneiden. Den Apfel halbieren und in kleine Würfel schneiden.
▶ Aus Joghurt, Öl, Senf, Curry und Essig ein Dressing mischen.
▶ Alles in eine Schüssel geben und gut mischen.

ca. 152 kcal · 4 g E · 10 g F · 14 g KH · 1 BE

2. Zwischenmahlzeit

Orange und Diabetiker-Müsliriegel

Zutaten: 1 Portion

- 100 g Orange
- 1 Diabetiker-Müsliriegel (Sionon)

ca. 144 kcal · 3 g E · 4 g F · 25 g KH · 2 BE

Abendessen

Tomaten mit Mozzarella und Basilikum

Zutaten: 2 Portionen

- 400 g Tomaten
- 200 g Mozzarella
- 10 g Olivenöl
- 1 Prise Salz
- 1 Prise Pfeffer
- 1 EL Essig
- 1 Topf frisches Basilikum
- 240 g Weizenvollkornbrot
- 30 g Butter

▶ Die Tomaten waschen, den Strunk herausschneiden und in Scheiben schneiden.

▶ Den Mozzarella in Scheiben schneiden.

▶ Das Basilikum vom Stock abzupfen und die Blätter kalt waschen.

▶ Aus Olivenöl, Essig, Salz und Pfeffer eine Marinade herstellen.

▶ Die Tomaten- und Mozzarellascheiben auf zwei Tellern anrichten und mit der Marinade übergießen.

▶ Die abgezupften Basilikumblätter abwechselnd auf die Tomaten- und Mozzarellascheiben legen.

▶ Dazu Weizenvollkornbrot und Butter servieren.

ca. 687 kcal · 31 g E · 35 g F · 58 g KH · 4 BE

Dessert

- 200 g Honigmelone

ca. 53 kcal · 1 g E · 0 g F · 12 g KH · 1 BE

TAG 5

Frühstück

Käsebrötchen

Zutaten: 1 Portion

- 100 g Roggenvollkornbrötchen
- 15 g Butter
- 50 g Tilsiter (30% i. Tr.)

▶ Die Brötchen mit Butter bestreichen und mit dem Käse belegen.

ca. 454 kcal · 21 g E · 22 g F · 48 g KH · 4 BE

1. Zwischenmahlzeit

Erdbeer-Buttermilch-Cocktail

Zutaten: 1 Portion

- 190 g frische Erdbeeren
- 250 g Buttermilch
- Saft von 1/2 Zitrone
- 2–3 Tr. Süßstoff

▶ Die Erdbeeren waschen, putzen und im Mixer pürieren.
▶ Buttermilch, Süßstoff und Zitronensaft zugeben und zusammen mixen.

ca. 161 kcal · 10 g E · 2 g F · 24 g KH · 2 BE

Mittagessen

Hirseauflauf mit Fruchtsauce

Zutaten: 2 Portionen

Für den Auflauf:

- 100 g Hirse
- 1 Gewürznelke
- 1 Prise Salz
- 200 g Äpfel
- 1 EL Rum
- 10 g Rosinen
- 10 g gehackte Haselnüsse
- Zimt
- Kardamom
- Ingwerpulver
- Saft und Schale von 1/2 Zitrone
- 40 g Butter
- 1/2 TL flüssiger Süßstoff
- 3 g Weizenkleie

Für die Fruchtsauce:

- 210 g Himbeeren, frisch oder tiefgefroren
- 3–4 Tr. flüssiger Süßstoff
- 1/2 TL Zitronensaft

▶ Die Hirse in einem Sieb erst kalt, dann heiß waschen.
▶ In einem Topf mit 250 ml gesalzenem Wasser mit der Nelke zum Kochen bringen, dann auf kleiner Flamme zugedeckt 20 Minuten garen.
▶ Hitzezufuhr abstellen und etwas nachquellen lassen, bis die Flüssigkeit aufgesogen ist.
▶ Die Rosinen und die Nelke im Rum und wenig Wasser aufkochen und ziehen lassen.
▶ Die Äpfel schälen, entkernen, in dünne Scheiben schneiden und mit dem Zitronensaft beträufeln.
▶ Alle Zutaten vermischen.
▶ Den Backofen auf 200°C vorheizen.
▶ Eine Auflaufform mit etwas Butter ausstreichen und mit der Weizenkleie bestreuen.
▶ Die Masse in die Form geben und die restliche Butter in Flöckchen darauf verteilen.
▶ Im vorgeheizten Backofen etwa 30 Minuten backen.
▶ Die Himbeeren waschen oder auftauen, im Mixer pürieren und durch ein feines Sieb streichen.
▶ Das Himbeermark mit 125 ml Wasser mischen, Süßstoff und Zitronensaft unterrühren und zum Hirseauflauf servieren.

ca. 490 kcal · 8 g E · 21 g F · 59 g KH · 5 BE

2. Zwischenmahlzeit

Quitten-Apfel-Kompot

Zutaten: 1 Portion

- 140 g Quitten (wahlweise Birnen)
- 50 g Apfel mit Schale
- 50 ml Apfelsaft
- 5 g Orangeade ohne Zucker
- frisch geriebener Ingwer

▶ Das Quittenfruchtfleisch und den Apfel in Würfel schneiden, zusammen mit dem Apfelsaft in einem Topf zum Kochen bringen und bei geringer Hitzezufuhr dünsten.
▶ Das Kompott mit etwas Orangeade und Ingwer abschmecken und abkühlen lassen.

ca. 105 kcal · 1 g E · 0 g F · 24 g KH · 2 BE

Abendessen

Matjesfilet „Hausfrauenart“ mit Pellkartoffeln

Zutaten: 2 Portionen

- 4 Matjesfilets (à ca. 50 g)
- 2 Gewürzgurken
- 40 g Zwiebel
- 150 g Äpfel
- 50 g Magerquark
- 125 g Joghurt (1,5% Fett)
- 50 ml Mineralwasser
- Salz
- Pfeffer
- 1 Spritzer Worcestersauce
- 400 g Kartoffeln mit Schale

▶ Die Matjesfilets 2–3 Stunden wässern, herausnehmen und gut abtropfen lassen.
▶ Gewürzgurken, Zwiebel und Äpfel in Streifen schneiden.
▶ Quark, Joghurt und Mineralwasser mit einem Schneebesen cremig schlagen, die Gurken-, Zwiebel- und Apfelstreifen darunterziehen und mit den Gewürzen abschmecken.
▶ Die Matjesfilets in der Quarksauce ca. 2 Stunden marinieren.
▶ Die Kartoffeln in Salzwassser kochen.
▶ Die Schalen abziehen und die Kartoffeln auf zwei Teller verteilen.
▶ Die Filets auf die Teller legen und die Quarkmarinade über die Kartoffeln geben.

ca. 490 kcal · 25 g E · 23 g F · 42 g KH · 3 BE

Rote-Bete-Mais-Salat

- 60 g grüner Salat
- 140 g Maiskörner aus der Dose
- 150 g eingelegte rote Bete (ohne Zucker)
- 10 g Pflanzenöl
- 0,5 TL Essig
- 1 TL Senf
- etwas Schnittlauch

▶ Den Salat waschen und zerpflücken, die Maiskörner und die gewürfelte rote Bete dazugeben.
▶ Aus etwas Rote-Bete-Saft, Öl, Essig und Senf ein Dressing mischen und zusammen mit dem gehackten Schnittlauch über das Gemüse geben.

ca. 150 kcal · 4 g E · 6 g F · 19 g KH · 2 BE

TAG 6

Frühstück

Graubrot mit Putenmortadella

Zutaten: 1 Portion

- 100 g Graubrot
- 15 g Butter
- 50 g Putenmortadella
- 40 g körniger Frischkäse

▶ Das Brot mit Butter und Frischkäse bestreichen, mit Putenmortadella belegen.

ca. 430 kcal · 21 g E · 18 g F · 49 g KH · 4 BE

1. Zwischenmahlzeit

Sanddorn-Dickmilch und Aprikosenmakronen

Zutaten: 1 Portion

- 250 g Dickmilch (entrahmt)
- 30 ml Sanddornsaft (ohne Zucker)
- 2 Aprikosenmakronen (Rezept siehe Seite 112)

▶ Die Dickmilch mit dem Sanddornsaft mixen.

ca. 175 kcal · 12 g E · 2 g F · 23 g KH · 2 BE

Mittagessen

Hähnchenbrust mit Fenchel und Naturreis

Zutaten: 2 Portionen

- 120 g roter Naturreis
- 360 ml Gemüsebrühe (Rezept siehe Seite 108)
- 200 g Hähnchenbrust
- 15 g Butter
- frisch gemahlener Pfeffer
- 130 g Orangenfilets
- 300 g Fenchel
- 110 ml gepreßter Orangensaft
- 2–3 g Bindemittel

▶ Den Reis mit warmem, dann kaltem Wasser abspülen, mit 180 ml Gemüsebrühe aufkochen und bei geringer Hitze 30–40 Minuten köcheln lassen.
▶ Auf der ausgeschalteten Herdplatte 10–15 Minuten quellen lassen.
▶ Den Fenchel fein schneiden, in 180 ml Gemüsebrühe ca. 20 Minuten dünsten, dann die Brühe abgießen.
▶ Den Fenchel salzen und pfeffern, dann warm stellen.
▶ Die Hähnchenbrust waschen und trocknen.
▶ Die Hälfte der Butter in einer Pfanne erhitzen, die Hähnchenbrust von beiden Seiten je 2–3 Minuten anbraten.
▶ Das Fleisch herausnehmen, salzen, pfeffern, in Alufolie wickeln und warm stellen; das Bratfett abgießen.
▶ Die restliche Butter in der Pfanne erwärmen, die Orangenfilets darin wenden und warm stellen.
▶ Den Orangensaft in der Pfanne leicht einkochen lassen, den ausgetretenen Fleischsaft aus der Alufolie dazugeben.
▶ Das Bindemittel in die Sauce rühren, mit Salz und Pfeffer abschmecken.
▶ Das Fleisch und die Orangenfilets auf zwei Teller geben und mit der Sauce übergießen, Fenchel und Reis dazu anrichten.

ca. 510 kcal · 26 g E · 9 g F · 73 g KH · 5 BE

2. Zwischenmahlzeit

Karottenmüsli

Zutaten: 1 Portion

- 80 g Magerquark (20% Fett)
- 30 g saure Sahne
- 80 g Karotten
- 6 g Sesam
- 40 g Früchtemüsli (ohne Zucker)

▶ Die Karotte mit der Reibe raspeln.
▶ Den Magerquark mit der sauren Sahne gut verrühren, mit den geraspelten Karotten und dem Müsli vermengen.
▶ Den Sesam ohne Fett in einer heißen Pfanne rösten und über das Müsli geben.

ca. 280 kcal · 13 g E · 9 g F · 33 g KH · 2 BE

Abendessen

Salatplatte mit Ei

Zutaten: 2 Portionen

- 130 g Tomaten
- 200 g Salatgurke
- 200 g grüne Bohnen, frisch oder tiefgekühlt
- ½ TL Bohnenkraut
- 100 g Radieschen
- 60 g Blattsalat
- 140 g Mais (Dose)
- je 1 EL Dill, Petersilie, Schnittlauch
- 2 Eier
- 120 g Vollkornbrötchen

Für die Marinade:

- 2 EL Olivenöl
- 1 EL Kräuteressig
- 2 EL Wasser
- Salz und Pfeffer

▶ Die Eier hart kochen und schälen.
▶ Die Bohnen auftauen oder waschen, putzen, in kochendem Salzwasser mit dem Bohnenkraut weich kochen, abtropfen und erkalten lassen.
▶ Tomaten, Gurken und Radieschen waschen und in Scheiben schneiden.
▶ Den Blattsalat putzen, waschen und abtropfen lassen.
▶ Aus Olivenöl, Essig und Gewürzen eine Marinade zubereiten und die gehackten Kräuter zugeben.
▶ Salat, Gemüse und Maiskörner auf einem Teller anrichten, die Eier vierteln, den Salatteller damit garnieren und zum Schluß die Marinade eßlöffelweise dazugeben.

ca. 420 kcal · 10 g E · 16 g F · 47 g KH · 3 BE

Bananensalat mit Kefir

- 180 g Bananen
- 90 g Kiwi
- 125 g Kefir
- 10 g Rosinen
- Zitronensaft
- 2–3 Tr. Süßstoff

▶ Banane und Kiwi schälen, in Würfel schneiden und mit dem Zitronensaft beträufeln.
▶ Den Kefir zum Obst geben, mit Süßstoff abschmecken, auf zwei Schälchen verteilen und mit Rosinen bestreuen.

ca. 140 kcal · 3 g E · 2 g F · 25 g KH · 2 BE

TAG 7

Frühstück

Frischkornmüsli

Zutaten: 1 Portion

- 40 g Weizenkörner
- 125 g Dickmilch (entrahmt)
- 40 ml Mineralwasser
- 50 g Apfel
- 50 g Birne
- 1 Prise Zimt
- 10 g gehackte Haselnüsse
- 10 g Rosinen

▶ Den Weizen mittelgrob schroten, mit dem Mineralwasser und der Dickmilch verrühren.
▶ 8–12 Stunden im Kühlschrank quellen lassen.
▶ Den Apfel und die Birne waschen, vierteln und das Kerngehäuse entfernen.
▶ Das Obst mit Schale klein schneiden oder auf der Küchenreibe grob raspeln.
▶ Das Obst mit dem eingeweichten Weizen mischen, mit Zimt abschmecken, die gehackten Haselnüsse und die Rosinen darüber streuen.

310 kcal · 11 g E · 7 g F · 50 g KH · 4 BE

1. Zwischenmahlzeit

Roggenvollkornbrot mit Kräuterquark

Zutaten: 1 Portion

- 5 g Magerquark (20% Fett)
- 1/4 Bund Petersilie
- 1/4 Bund Schnittlauch
- Salz
- Pfeffer
- 60 g Roggenvollkornbrot

▶ Die Petersilie und den Schnittlauch waschen und fein hacken.
▶ Den Quark mit etwas Mineralwasser verrühren, mit Salz und Pfeffer würzen und die Kräuter unterrühren.
▶ Das Vollkornbrot mit dem Kräuterquark bestreichen.

ca. 160 kcal · 11 g E · 1 g F · 26 g KH · 2 BE

Mittagessen

Pfeffersteak mit Brokkoli und Bircher-Benner-Kartoffeln

Zutaten: 2 Portionen

Für die Steaks:

- 2 Rinderfiletsteaks à 150 g
- schwarzer Pfeffer, frisch gemahlen
- schwarze Pfefferkörner, gestoßen
- 1 EL Pflanzenöl
- 1 EL grüner Pfeffer (aus dem Glas)
- 1 EL Cognac
- 1 EL Sahne (30% Fett)
- Salz

Für den Brokkoli:

- 300 g Brokkoli
- 10 g Butter
- 10 g Mandelblätter

Für die Kartoffeln:

- 400 g Kartoffeln
- 1 EL Pflanzenöl
- Salz
- 1 TL Kümmel

▶ Den Brokkoli putzen, waschen und die Röschen in wenig Salzwasser garen.
▶ Die Mandeln in der Butter leicht rösten, alles über den Brokkoli geben und warm stellen.
▶ Den Backofen auf 180°C vorheizen.
▶ Die Kartoffeln waschen und abbürsten, der Länge nach halbieren und die Schnittflächen mit Salz und Kümmel würzen.

▶ Ein Backblech mit dem Öl einpinseln, die Kartoffelhälften mit den Schnittfläche nach unten darauf legen und 25–30 Minuten im Ofen backen.
▶ Die Steaks mit Küchenkrepp trockentupfen, breitdrücken und mit dem schwarzen Pfeffer würzen.
▶ Das Öl in einer Pfanne erhitzen, die Steaks auf jeder Seite etwa 3 Minuten braten, salzen, aus der Pfanne nehmen und zugedeckt warm stellen.
▶ Die Herdplatte auf mittlere Hitze einstellen, den grünen Pfeffer zerdrücken, mit dem Cognac in den Bratensatz geben, nach kurzem Aufkochen die Hitzezufuhr abstellen.
▶ Die Sahne einrühren, mit Salz und Pfeffer abschmecken.
▶ Die Steaks auf zwei Tellern anrichten, mit der Sauce übergießen, den Brokkoli und die Kartoffeln dazugeben.

576 kcal · 40 g E · 27 g F · 33 g KH · 2,5 BE

Rote Grütze mit Vanillesauce

Für die Grütze:

- 140 g Brombeeren (frisch oder tiefgekühlt
- 210 g Himbeeren
- 110 g Kirschen, sauer (aus dem Glas)
- 10 g Puddingpulver Vanille
- Zitronensaft
- Süßstoff

Für die Vanillesauce:

- 125 ml Milch (1,5% Fett)
- 4 g Puddingpulver Vanille

▶ Kirschen und Brombeeren in etwas Kirschsaft kurz aufkochen, evtl. noch 3 EL Wasser dazugeben.
▶ Inzwischen das Puddingpulver mit 2 EL Wasser anrühren und mit dem Zitronensaft und etwas Süßstoff zum Obst geben.
▶ Zum Schluß die Himbeeren unterheben und alles erkalten lassen.
▶ Die Milch erhitzen, kurz aufkochen lassen, das Puddingpulver anrühren und zur Milch geben. Mit Süßstoff süßen und erkalten lassen.

ca. 154 kcal · 6 g E · 1 g F · 28 g KH · 1,5 BE

2. Zwischenmahlzeit

Käsekuchen

Zutaten: Für 10 Stück

Für den Boden:

- 150 g feines Weizenvollkornmehl
- 150 g Quark (20% Fett)
- 50 g Pflanzenmargarine
- Salz

Für den Belag:

- 500 g Quark (20% Fett)
- 125 ml fettarme Milch (1,5% Fett)
- 2 TL flüssiger Süßstoff
- Saft und geriebene Schale von 1 Zitrone (unbehandelt)
- 5 Blatt weiße Gelatine
- 50 g Schlagsahne
- Eiweiß von 2 Eiern

▶ Den Backofen auf 200°C vorheizen.
▶ Aus Weizenmehl, Magerquark und Margarine einen Teig kneten, mit Salz abschmecken, in Alufolie einpacken und über Nacht im Kühlschrank ruhen lassen.
▶ Den Teig kreisförmig ausrollen und in eine mit Wasser ausgespülte Springform (Ø 24 cm) geben, dabei einen Rand andrücken.
▶ Den Teigboden mehrmals einstechen und im vorgeheizten Backofen etwa 25 Minuten backen, danach abkühlen lassen.

▶ Den Quark mit Milch, 1,5 TL Süßstoff, abgeriebener Zitronenschale und Zitronensaft schaumig rühren.
▶ Die Gelatine in kaltem Wasser einweichen, ausdrücken, in einem Pfännchen erwärmen und unter Rühren auflösen, dann unter den Quark ziehen.
▶ Das Eiweiß steif schlagen und mit 0,5 TL Süßstoff süßen.
▶ Die Schlagsahne steif schlagen und mit dem Eischnee unter die Quarkmasse heben.
▶ Den abgekühlten Teigboden auf eine Kuchenplatte legen und mit dem Ring der Springform umstellen.
▶ Den Rand mit Alufolie- oder Backpapierstreifen auslegen, die Quarkmasse in den Ring füllen und einige Stunden im Kühlschrank zugedeckt fest werden lassen.

ca. 380 kcal · 26 g E · 18 g F · 28 g KH · 2 BE (=2 Stück)

Abendessen

Stangenspargel, Schinkenpfannkuchen und Dillkartoffeln

Zutaten: 2 Portionen

600 g Stangenspargel

Für die Pfannkuchen:

60 g Weizenvollkornmehl
60 ml Milch (1,5% Fett)
1 Ei
20 g Butter
Salz
Pfeffer
120 g gekochter Schinken

Für die Kartoffeln:

10 g Butter
½ Bund frischer Dill
400 g Kartoffeln

▶ Einen Topf mit Salzwasser für den Spargel und einen für die Kartoffeln aufsetzen.
▶ Die Kartoffeln waschen, schälen und kochen.
▶ Den Spargel waschen, vom Kopf aus dünn schälen, nochmals waschen, in das kochende Salzwasser geben und je nach Sorte 20–30 Minuten kochen.
▶ Das Mehl, die Milch und das Ei verquirlen, mit Salz und Pfeffer würzen.
▶ Den Teig in der heißen Butter in einer Pfanne backen, den Schinken in jeweils einen Pfannkuchen einrollen.
▶ Den Spargel aus dem Sud nehmen, gut abtropfen lassen und auf einer Platte warm stellen.
▶ Die Butter in einem kleinem Topf zerlassen und über den Spargel gießen.
▶ Den Dill fein hacken und über die Salzkartoffeln streuen.

ca. 634 kcal · 25 g E · 32 g F · 55 g KH · 4 BE

Schokoladenpudding

250 ml Milch (1,5% Fett)
15 g Schokoladenpuddingpulver
Süßstoff

▶ Die Milch kurz aufkochen lassen, das angerührte Puddingpulver unterrühren und etwas süßen.
▶ Den Pudding in zwei Schälchen geben und erkalten lassen.

ca. 80 kcal · 5 g E · 2 g F · 11 g KH · 1 BE

Sozialrechtliche Einstufung des Diabetes

Nach dem Schwerbehindertengesetz können Diabetiker beim Versorgungsamt ein Verfahren zur Feststellung des Grads der Behinderung beantragen. Als schwerbehindert können Diabetiker eingestuft werden, wenn der Grad der Behinderung gemäß einem ärztlichen Gutachten, das auch die Folgeschäden und Begleiterkrankungen des Diabetes berücksichtigt, wenigstens 50% beträgt.

In der Tabelle finden Sie Anhaltspunkte für die Bemessung des Grads der Behinderung:

Diabetes	**Grad der Behinderung**
durch Diät und orale Antidiabetika gut ausgleichbar, ohne Komplikationen	0 bis 10 Prozent
weniger gut ausgleichbar, mit Neigung zu Blutglukoseschwankungen	20 Prozent
mit Diät und Insulin einstellbar, ohne Komplikationen	30 Prozent
mit Insulin schwer einstellbar, labil	40 bis 60 Prozent
Diabetesfolgeschäden erhöhen den Grad der Behinderung zusätzlich	

Vor- und Nachteile der Einstufung als Schwerbehinderter

Die Feststellung einer Schwerbehinderung von über 50% garantiert den Anspruch auf eine erhöhte soziale Absicherung, das heißt auf steuerliche Vergünstigungen, eine vorgezogene Altersrente, jährlich einige Tage Zusatzurlaub und einen besonderen Kündigungsschutz. Liegt die Einstufung bei 30–50%, kann das Arbeitsamt eine Gleichstellung festlegen, was dann die gleiche soziale Absicherung garantiert.

Was zunächst sehr verlockend klingt, kann in der Praxis aber auch zur Benachteiligung der Betroffenen führen.

Diabetiker, die als Schwerbehinderte anerkannt sind, müssen Nachteile bei Kranken- und Lebensversicherungen, bei der Erlangung des Führerscheins oder bei der Bewerbung um einen Arbeitsplatz in Kauf nehmen. Für Menschen mit Diabetes, die aktiv am Berufs- und Gesellschaftsleben teilnehmen, erscheint der Begriff „schwerbehindert“ ohnehin stark übertrieben.

Man sollte also die zu erwartenden Vor- und Nachteile einer solchen Einstufung gut gegeneinander abwägen und sich eingehend mit dem behandelnden Arzt oder Vertretern von Selbsthilfeorganisationen darüber unterhalten.

Regelung für Kinder mit Diabetes

Entsprechend der Tabelle wird der im Kindesalter auftretende Diabetes mit einem Grad der Behinderung von 40–60% eingestuft. Nach einer Bestimmung des Ministeriums für Arbeit und Sozialordnung kann für Kinder bis zur Vollendung des 18. Lebensjahres „Hilflosigkeit“ angenommen werden, da wegen der Gefahr von Hypoglykämien, zur Anpassung der Insulindosis, zur Blutglukose-Selbstkontrolle und zur Einhaltung von Diätvorschriften eine ständige Überwachung durch die Eltern notwendig ist. Unter diesem Begriff können die Eltern beim Finanzamt einen Steuerfreibetrag geltend machen, der im Jahr 1995 bis 7 200,– DM beträgt.

Adressen

Arbeitskreis der
Pankreatektomierten e.V.
Krefelder Straße 52
41539 Dormagen
Tel.: 0 21 33-4 23 29

Berliner Fördergemeinschaft
junger Diabetiker e.V.
Lepsinsstraße 49
12163 Berlin
Tel.: 0 30-79 70 54 26

Bund diabetischer Kinder
und Jugendlicher
Deutscher Diabetiker-Verband
Hahnbrunner Straße 46
67659 Kaiserslautern
Tel.: 06 31-7 64 88

Bundesverband der
Insulinpumpenträger e.V.
Reinekestraße 31
51145 Köln
Tel.: 0 22 03-2 58 62
Fax: 0 22 03-2 71 00

Deutscher Diabetiker Bund
Danziger Weg 1
58511 Lüdenscheid
Tel.: 0 23 51-98 91 53

Deutsche Diabetes-
Gesellschaft
Geschäftsstelle
Bürkle-de-la-Camp-Platz 1
44789 Bochum
Tel.: 02 34-3 02 64 29

Förderkreis Eltern
diabetischer Kinder
und Jugendlicher e.V.
Ochsenberg 23
67659 Kaiserslautern
Tel.: 06 31-4 24 22

Österreichische
Diabetikervereinigung
Moosstraße 18
A-5020 Salzburg
Tel.: 06 62-82 77 22

Schweizerische
Diabetesgesellschaft
Forchstraße 95
CH-8032 Zürich
Tel.: 01-3 83 13 15

DiabCare Office
Deutsche Geschäftsstelle
Nymphenburger Str. 124
80636 München
Tel.: 0 89-12 24 75-12

Register

Hervorgehobene Seitenzahlen verweisen auf eine ausführliche Erläuterung des Begriffs, *schräggestellte* auf Abbildungen und Grafiken.

Layout: Horst Bachmann
Redaktion: Uwe Meilhahn
Redaktion für diese Ausgabe: Herta Winkler
Herstellung: Jürgen Domke
Herstellung für diese Ausgabe: Eva Kumar
Fotos: Boehringer Mannheim GmbH: S. 29, 30, 37, 38 li.; **Disetronic GmbH,** Sulzbach/Ts.: S. 4, 40; **Keystone Pressedienst,** Hamburg: S. 32 li. u. re., 91; **Deutsche Lufthansa AG,** Köln: S. 94 (Gerd Rebenich); **Ulrich Niehoff,** Bienenbüttel: S. 8, 9, 31 u.li., 31 re. ob., 77, 102; **Novo Nordisk Pharma GmbH,** Mainz: S. 23, 35, 43; **Okapia,** Frankfurt a. M.: S. 34 (S. Camazine), 76 (H. Morgan/PR ScienceSc.); **Dr. med. L. Reinbacher,** Kempten: S. 69, 75; **Silvestris Fotoservice,** Kastl: S. 2/3, 6, 44, 54 (Otto Stadler), 56 u. 57 (Lindenburger), 93 (Telegraph Colour); **Studio Team GmbH/Wolfgang Zöltsch,** Langen: S. 83 re. ob.– 87 u.; **TLC Photo-Studio GmbH,** Velen-Ramsdorf: S. 104–144; **FALKEN ARCHIV:** Eberle Fotostudio: S. 101; Hans Erhardt: S. 96; Edith Gerlach: S. 5, 60, 63; TLC Photo-Studio GmbH: S. 48, 78, 83, 98; Pool Gesellschaft: S. 4, 52; S. Layda: S. 146
Zeichnungen: Gerhard Scholz, Dornburg-Frickhofen: S. 12, 19; **FALKEN ARCHIV:** Gerhard Scholz: S. 38, 39, 70

Satz-/Lithoarbeiten: DM-SERVICE Mahncke & Pollmeier oHG, Rodgau

46890195X817 2635 4453 6271

1096501X04 03 02 01